U0810531

目 录

FREAKONOMICS

《魔鬼经济学 1》所获赞誉

被《纽约时报书评》评为优秀读物

被《经济学人》、《纽约时报杂志》、

亚马逊和巴诺书店评为年度佳作

“图书感觉”奖年度非虚构类图书

入选鹅毛笔奖年度商业图书

入围《金融时报》/高盛集团年度商业图书

列维特与都伯纳巧妙地连类比物，通过对比乍看起来毫无关联的话题，挖掘富有启发性的真理，这让《魔鬼经济学 1》读起来妙趣横生。《魔鬼经济学 1》是一部优秀的著作，旁征博引了大量难以置信却又引人入胜的历史资料，这让作者有别于通俗社会学家之流。

——《纽约时报》

假如经济学界也有“夺宝奇兵”，那一定会是史蒂芬·列维特，他是一个特立独行的寻宝猎人，凭着自己的智慧、胆识和离经叛道获得了成功……《魔鬼经济学1》读起来就像一部侦探小说……经济学家生怕手中资本贬值，往往吝于褒奖。因此，我费尽心思想从这本书里挑刺儿，但还是放弃了。抨击《魔鬼经济学1》就像抨击热巧克力圣代……圣代上的樱桃就是列维特的合著者史蒂芬·都伯纳。身为记者，他显然了解自己所写的内容，娓娓道来的文风让你时而忍俊不禁，时而瞠目结舌。都伯纳先生是最难得一见的珍宝，列维特先生能找到他，是我们的幸事。

——《华尔街日报》

愉快的阅读体验……实际上，本书展示了平淡无奇、陈旧迂腐的经济学在刨根问底、深谙其道的经济学家手中可以起到什么作用……材料引人入胜……这本书总能找到本身趣味无穷又能对更广泛的议题富有启发意义的问题，进而用别出心裁的方式做出解答。

——《经济学人》

引人关注且始终富有趣味性的作品，提出了很多真知灼见，充满了惊喜……《魔鬼经济学1》中的有趣观点层出不穷。

——《华盛顿邮报·图书世界》

我们自以为了解世界的运转方式，实则不然……《魔鬼经济学1》

利用经济学和翔实的数据质疑我们对万事万物的先入为主之见……读罢，你不仅知道了几则可在聚会上讲的趣闻逸事，还会以更加批判的眼光看待许多所谓的真相。

——《哈佛商业评论》

发人深省、引人入胜……光是那些冷知识就值这个价格……史蒂芬·列维特自称是无所不能的知识界侦探，凡是引起他兴趣的人类行为之谜，他都可以揭开。这么说或许有些大言不惭，但《魔鬼经济学 1》证明，他这么说是有底气的。

——《纽约时报书评》

请设想一个有着天马行空思维、绝顶聪明的经济学家，再设想他只有 9 岁，想了解一切，这就是史蒂芬·列维特的基本形象……每一章都是一次发人深省的实地考察，就像马尔科姆·格拉德威尔在《引爆点》和《眨眼之间》两部书中对人性的探索一样。

——《时代周刊》

史蒂芬·列维特拥有全美国最有意思的头脑，而《魔鬼经济学 1》读起来就像在阳光灿烂的夏日同他一起悠闲地散步，他举起手摇了摇手指，便颠覆了一切你所理解的真理。做好为之叹服的准备。

——马尔科姆·格拉德威尔

列维特使用了简洁巧妙的统计工具，他直击问题要害，选取引人入胜的话题。所有社会学家都应扪心自问，他们所研究的课题在趣味性或重要性方面是否比得上这一佳作。

——《洛杉矶时报书评》

这部史上最独特的统计方法研究著作出自世界知名经济学家之手……列维特（与合著者都伯纳）从人类行为的混乱数据中寻找逻辑。他的结论常常令人大开眼界，有时甚至目瞪口呆（他的一条理论是，高堕胎率有助于减少犯罪。这想必会让他在短期内自绝于白宫）……读起来很有意思。

——《娱乐周刊》

大批经济学家前赴后继、不辞辛劳地破解货币政策等错综复杂的议题，而史蒂芬·列维特却在用经济学模型解答更有意思的问题，并因此名噪一时。

——《旧金山纪事报》

特立独行的经济学家史蒂芬·列维特解释了为何很多有关金钱的道理你自以为了解，却并不正确……他从经济学角度重新审视日常话题。

——《金钱》

这本有趣的读物将经济学原理用于审视日常生活。

——《人物》

《魔鬼经济学 1》不像典型的晦涩难懂的经济学论文，倒像那种会让你熬夜去看的侦探小说……扣人心弦。

——《芝加哥论坛报》

《魔鬼经济学 1》以通俗易懂、去学术化的口吻介绍了列维特的发现。这本书是一部引人关注且始终富于趣味性的作品，提出了很多真知灼见，又充满了惊喜……其中的有趣观点层出不穷。

——《休斯敦纪事报》

请设想列维特最优秀的研究成果，竟由一名杰出的记者用通俗易懂的语言写出来。说到当代经济学研究的普及读物，这本书是个里程碑。

——泰勒 · 考恩发表于“边际革命”网站

经济学这门学科晦涩难懂，鲜有未接受过经济学教育的人会愿意读经济学家写的书，但芝加哥大学经济学家史蒂芬 · 列维特似乎做到了这点。

——《芝加哥太阳时报》

一本为怪咖和书虫写的巨著……列维特抱着解谜者的心态，手握统计经济学工具，寻找各种不同的答疑解惑渠道……在他手中，经济学从一门乏味的学科摇身一变，成为求知者的工具。

——《财富》

有趣，有深度……它用引人入胜的方式讲述各种古怪离奇的问题。

——《底特律自由报》

一部引人入胜、别出心裁的合著作品。近年来，没有哪部经济学著作能像这部作品一样抓住普罗大众的心。这本书的突出成就之一就是将貌似无关联的情况分析结合起来，并通过引入一个简单的事实予以解释，那就是人们会或多或少地出于理性考量，受经济利益驱使。

——《华盛顿时报》

这本书足以证明，应当对列维特与众不同的观点予以仔细分析，他总是能从堆积如山的数据中总结出中左翼观点，所提供的思路能让我们恍然大悟，并重新反思我们一直深以为然的观念。列维特以不偏不倚的姿态分析手中的材料，他用一种摒弃政治立场的方式，展示了鲜为人知的常识和非常识。

——*Time Out*（纽约）

《魔鬼经济学 1》展示了列维特最优秀的一面，他提出了他人未曾想过的问题，找到的答案有时也超乎想象。

——《亚特兰大宪法报》

如果你以为经济学家都是担心利率波动、脾气暴躁的教授，那就摒弃这种成见吧。作者列维特关注的，恰是与人们息息相关的现实议题，而构成他所有研究课题基础的，是只要找准角度就可以理解复杂现象的信条。列维特善于将这一原则应用于日常生活，这本书注定会大受欢迎。

——《出版者周刊》（星级书评）

这个年代，充斥着主观、基于信仰、或左或右的传统观念，太多的学术研究陷入了先入为主的意识形态窠臼。《魔鬼经济学 1》反其道而行之，以一种巧妙、深刻、严谨、开明及冒险的态度揭示出令人吃惊的真相。这是一本让人振奋又耳目一新的佳作。

——库尔特 · 安德森

这本书展示了列维特对多个不同话题的有趣研究，读起来确实很有意思。

——沙龙网

《魔鬼经济学 1》是一部令人欲罢不能、爱不释手的经济学通俗应用速成教材，通过分析枯燥数据，生发出有关世界运作方式的精彩理论，并借此写出一部小说。在这方面，列维特天赋异禀。而都伯纳也用生动、诙谐、通俗的语言传达出了列维特的思想与理论，二人可谓相得益彰。

——《洋葱报》

引人入胜、妙趣横生又出人意料，我想没有哪个成年人会不为之倾倒。

——《旧金山周报》

以全新、精彩的思维论点去看待这个世界，尽管《魔鬼经济学1》肯定会引发争议，但列维特的作品依然充满令人叹服的真知灼见，称其为天才也并无不妥。书中的许多观点虽然令人费解、复杂难懂，却从头到尾都很精彩。列维特以令人惊叹的独特构思和过人胆识，描写了所谓“现实世界”的方方面面。我们的社会对这些事实会做何反应虽然不得而知，但列维特和都伯纳已经完成了自己的职责，他们写出了这十年里最睿智、最具话题性的作品。

——《旗帜日报》(英)

《魔鬼经济学1》充满了令人惊叹的数据分析，这些分析颠覆了传统观念，让你禁不住隔着屋子对配偶喊：“喂，听听这个……”

——《多伦多明星报》

《魔鬼经济学 1》可能是第一部可以当作休闲读物来读的数据分析书，它对社会敏感问题——犯罪、堕胎、考试作弊、阶级意识、育儿——提出了一系列颇具争议但令人信服、表述清晰的观点，书中穿插的趣闻逸事和用一本正经口吻讲出来的俏皮话也别有一番风味。

——《明尼阿波利斯星坛报》

《魔鬼经济学 1》用毫不拖沓的文风，阐释了世界的真实运转方式，让经济学这门学科显得通俗易读，同时始终让读者沉浸在惊讶于作者聪明才智的思绪之中，总之妙趣横生。

——《纽约观察者报》

可以说列维特和都伯纳的这部著作几十年内都会让人一直铭记而不被人遗忘，这是一部分析精彩、逻辑严谨的佳作，说它精彩绝伦，毫不为过。这本书在思维拓展方面的勇敢无畏不仅值得鼓励，还值得珍视。

——《橙县纪事报》

列维特将自己出众的头脑用于揭示日常生活之谜，就像经济学界的福尔摩斯。《魔鬼经济学 1》将不断带给你超乎寻常的乐趣。

——《旗帜晚报》(英)

《魔鬼经济学 1》讲述的是非传统观念，它以别出心裁的方式运用原始的经济学数据提出妙趣横生的问题。列维特在提出古怪问题方面颇有天赋，让人如梦如幻，为之着迷，非常精彩。

——《观察家报》(英)

生动、易懂又令人信服，列维特试图让自己成为我们的向导，从而带领我们以不同的视角观察世界及其运行机制，他显然是个聪明的经济学家。

——《堪培拉时报》(澳大利亚)

一部极富思想又带有争议的作品。

——《法制时报》

《魔鬼经济学 1》就人类动机和当代生活提出了颇具争议和深度的问题，得出了令人难以置信的结论，从而以全新的视角向你展示了你所熟知的世界。列维特提出的理论在你读罢还会久久萦绕在你脑海中。

——《商报》(南非)

对解答五花八门的问题感兴趣的人应该读一读这本《魔鬼经济学 1》，这是你能读到的最富于智慧，也最引人入胜的经济学著作之一。都伯纳手法高明，就算是用两页纸解释回归分析法的定义，你读起来也不会不耐烦，甚至还觉得津津有味。

——《雅加达邮报》(印度尼西亚)

《魔鬼经济学 1》将经济学原理、福尔摩斯推理与信不信由你博物馆[①]合三为一。

——《开拓者日报》(加拿大不列颠哥伦比亚省)

这本书对动机进行了精彩绝伦、颇具争议的研究：动机为何物？它如何改变以及对人类行为有何影响？这本书表面看来是一本通俗易懂的读物：文风轻松，语言明快诙谐，让读者难以发现其观点猛烈抨击了我们对人类生活方式和社会运转方式所抱有的先入为主之见……对于这本书，再怎么推荐都不为过。你无论在哪里读这本书——海滩、家里、火车上还是办公室里——都会得到鼓舞、激励和乐趣。

——《周日电讯报》(英)

它披露了很多有意思的真相。

——《塔尔萨世界报》

列维特有着强烈感染力的求知欲，他从未丢弃儿时那爱问为什么的劲头儿。他鼓励我们勇于发问，不懈地寻找答案，去探究以前没想到的领域……这是一部引人入胜的经济理论作品，也是前人以为无法做到的事。

——《水牛城新闻》

① 信不信由你博物馆，又称不可思议博物馆，馆内以趣味横生的方式陈列从世界各地搜集到的各式各样稀奇古怪的收藏品。——译者注

我无法想象，有谁读这本书时不会停下来嘀咕两句："哇，这推翻了我长久以来所相信的一切。"这本书内容引人入胜，我要强烈推荐。

——《绿湾新闻公告》

这部妙趣横生、引人入胜的著作，用经济学来解答当今一些很有意思的问题……它津津有味，又发人深省。列维特用数据分析解答稀奇古怪的问题，这或许能帮助企业高管找到分析问题的新途径。

——《得州律师报》

列维特的趣味性能马上吸引那些非专业人士的关注，而他和都伯纳用平实的口吻娓娓道来的《魔鬼经济学 1》，对于并不熟悉经济学家思维方式的读者来说，既有启发性，又有娱乐性。

——《新政治家周刊》（英）

《魔鬼经济学 1》是一部不可思议、妙不可言的著作，书中充满了让你目瞪口呆的真知灼见，史蒂芬 · 列维特也可说是最具独创性的思想家之一。

——《商业世界》

一本令人眼界开阔，又趣味十足、贴合现实的书。

——《科克斯书评》

FREAKONOMICS
本书的由来

2003 年夏，《纽约时报杂志》派作家兼记者史蒂芬 · 都伯纳为史蒂芬 · 列维特撰写一篇简介。列维特是芝加哥大学的经济学家，虽年纪轻轻，却已声名大噪。

都伯纳彼时正在研究一部关于货币心理学的著作，在那段时间里采访了不少经济学家。他发现他们往往口齿不清，仿佛英语是他们的第四或第五语言。而列维特刚刚荣获约翰 · 贝茨 · 克拉克奖（可比作青年版诺贝尔经济学奖，用以表彰青年经济学家），在那段时间接受过不少记者的采访。他发现他们的思维方式，用经济学家的话来说，可谓不太健全。

但列维特看出都伯纳并非彻头彻尾的白痴，而都伯纳也发现列维特并非单纯的人体计算尺，这位经济学家标新立异的研究和讲解的口才都令作家折服。虽师出名门（哈佛大学学士、麻省理工学院博士，获奖无数），列维特却以剑走偏锋的方式研究经济学，他看待世界的方式并不像一个学究，倒像一个机敏好奇的探险家——纪录片导演、法医调查员，抑或对体育圈、犯罪、流行文化无一不插手的赌徒。他坦言，对于大众一提及经济学就会想到的货币话题，他兴趣寥寥。

实际上，他滔滔不绝地将自己贬低了一番。

“对于经济学领域，我所知甚少，”某次，他将遮眼的刘海一撩，对都伯纳说道，“我对数学不在行，对计量经济学不甚了解，也不知道如何做理论研究。如果你问我股市是涨是跌，经济是兴是衰，通货紧缩是喜是忧，或是税务问题，我要是敢说自己对这些话题中的任意一个有半点儿了解，我完全就是在骗你。”

列维特感兴趣的，是日常生活中的种种谜团。对于那些想要探究世界运行方式奥秘的人来说，他的研究能让他们如愿以偿。采访结束之后，在都伯纳所写的文章中，他的怪异态度得到了解释。

> 如列维特所见，经济学这门学科拥有各种寻找答案的有效工具，但耐人寻味的问题却寥寥无几。他的一大专长就是提出这样的问题：如果说毒贩子能大发其财，为何他们还和自己的母亲住在一起？枪和游泳池，哪个危险系数更高？在过去的10年里，犯罪率骤降的真正原因是什么？房地产中介是否真的把为客户谋求最佳利益放在了心上？为何黑人父母喜欢给孩子取有碍其职业前途的名字？教师是否会为了达标，在高风险性的测验中作弊？相扑是否是一项含腐败行为的运动？

许多人——包括他的不少同行——或许都没看出来列维特的研究和经济学沾边。他只是将这门所谓的沉闷科学提纯至其最根本的宗旨：阐明人们如何才能得到他们想要的东西。有别于多数学者，他并不避讳使用个人的观察结果和兴趣所向，也不避讳秘闻野史和趣闻逸事（但他对微积分却避之唯恐不及）。他是一个直觉主义者，他翻阅大量数据，去寻找前人未曾发现的故事。他摸索出一种方法，可以测评资深经济学宣称的不可测量的东西。不过，最让他乐此不疲的话题——虽然他声称自己从未染指过这些勾当——是诈骗、腐败和犯罪。

列维特炽热的求知欲也感染了数以千计的《纽约时报》读者。各式各样的问题、征询、谜语和请求纷至沓来——提问者既有通用汽车公司职员、纽约扬基棒球队队员、美国参议员，也有服刑人员、为人父母者和一位 20 年来一直在一毫不差地记录自己生意数据的百吉饼买卖人。一位前环法自行车赛冠军打电话给列维特，请他帮忙证明如今的环法比赛已经滥用兴奋剂成灾。中情局请教列维特如何利用数据追捕洗钱者和恐怖分子。

引起大家强烈反响的，是列维特的根本信条：现代世界尽管充斥着种种迷雾、乱象和罪恶昭彰的骗局，却并非无法参透或深不可测。只要提出恰到好处的问题，它甚至比我们想的更加趣味横生。所有这些仅仅需要一种新的观察视角。

在纽约，出版商告诉列维特，他应该写一本书。

“写一本书？”他说，“我不想写书。”

待解之谜已经堆积如山，他几辈子也解决不完，而且他也不认为自己适合作家这个角色。

“我没什么兴趣——除非，”他提议道，“我和都伯纳合著。”

并非人人都适合合作，但他们两人——以下改称我们两人——决定聊聊，看合著出书是否行得通。我们认为行得通，希望各位也能予以认可。

万事万物的隐秘一面

生活在20世纪90年代初的美国人，但凡稍微瞥一眼晚间新闻或日报，就会生出毛骨悚然之感。

这完全不必大惊小怪。

罪魁祸首就是犯罪。犯罪率不断攀升——几十年间，美国城市的犯罪率曲线图都呈直线上升的态势。按此趋势，现在似乎预示着世界的末日，正如我们所知的那样：故意或过失枪杀案司空见惯；劫车、贩毒、抢劫、强奸同样屡见不鲜；暴力犯罪成了人们生活中挥之不去的恐怖阴影。

“情况大有恶化之势。”

“未来会更加糟糕。”

权威专家无一不如是预测。

恐慌的制造者就是所谓的超级猎手①：这个形象曾一度随处可见，他在各大新闻周刊的封面上怒目圆睁，几十厘米厚的政府报告中遍是他堂而皇之的身影；他是一个骨瘦如柴、浪荡在大城市的小子，手握廉价枪支，内心无所忌惮、残忍无情。

我们被告知，这样的人数以千计，嗜血杀戮的一代将把这个国家拖入无底深渊。

1995 年，犯罪学家詹姆斯 · 艾伦 · 福克斯为美国司法部长撰写了一篇报告，称青少年杀人案发生率将急剧上升。他认为，乐观估计，青少年杀人案在 10 年内会上升 15%；悲观估计，则会增加一倍以上。

“下一轮犯罪高峰期将来势汹汹，”他说，“相比之下，连 1995 年都会变成美好的往昔。”

其他犯罪学家、政治学家及同样博学多识的预测专家都对未来做出了同样可怕的预测，连克林顿总统也不例外。

“我们要在 6 年内扭转局势，遏制青少年犯罪，”克林顿称，“否则将国无宁日。那时我的继任者将无暇再对全球经济的良好机

① 超级猎手（superpredator），青少年犯罪者。该词由普林斯顿大学教授约翰 · 迪卢利奥（John Dilulio）在 1995 年提出，用以指代当时那些“不尊重生命、不顾及未来”，以及“没有父亲、不信上帝的失业青年”。——译者注

遇高谈阔论，而是得忙于保护城市街道上人们的身家性命。”

犯罪的蔓延似乎在所难免。

然而接下来，犯罪率并没有继续攀升，反而开始下降，持续不断地下降。

犯罪率的下降有点儿不寻常：这是一次全面的下降，全美各地各种类别的犯罪都在减少；这是一次持续的下降，下降幅度逐年加大；这还是一次全然出乎意料的下降，对于那些做出相反预测的专家来说，尤其如此。

这次形势逆转之迅猛令人震惊。青少年杀人案发率并没有像詹姆斯·艾伦·福克斯所警示的那样上升 100%，甚至也没有增长 15%，反而在 5 年内下降了 50%。至 2000 年，美国的总体凶杀案发率已经降至 35 年来最低。斗殴、汽车盗窃等几乎各类犯罪的案发率同样如此。

虽然各类专家没能料到犯罪率的下降（而早在他们做出耸人听闻的预测时，犯罪率已经出现了下降的苗头），但此时他们却开始争先恐后地对这种现象做出解释。

他们提出的理论多数听起来头头是道：一说是因为 20 世纪 90 年代欣欣向荣的经济形势；一说是因为《枪支管制法》的普及；还有一说是因为纽约市施行的新治安策略。（1990 年，纽约发生了 2 262 起凶杀案，而 2005 年只有 540 起。）

这些理论不仅头头是道，还很振奋人心，因为根据这些理论，犯罪率的下降得益于具体且短期的人为措施。如果枪支管制、巧妙的治安策略和提高工作报酬能够降低犯罪率，那即是说铲恶锄奸的能力原来唾手可得。那么，等下一次犯罪猖獗——但愿不要——的时候，我们便有经验可循了。

这些理论似乎顺畅无阻地从专家口中传到了记者耳中，然后又进入大众的思维，并迅速上升为传统观念。

但有一个问题：这些理论并不正确。

还有另一大早已发生的因素促成了20世纪90年代犯罪率的骤降。这一因素早在20多年前便初见端倪，它涉及达拉斯的一位名叫诺尔马·麦科维的年轻女子。

正如众所周知的“蝴蝶效应”，一只蝴蝶在一个大陆扇动一下翅膀，最终导致另一个大陆发生一场飓风。诺尔马·麦科维也在无意中戏剧性地扭转了历史进程，而她的初衷只是想堕胎而已。

1970年，她年仅21岁，是一个穷困潦倒、目不识丁、一无所长、酗酒吸毒的女子。此前她已经把自己的两个孩子送给了别人收养，但这时她发现自己又怀孕了。然而，得克萨斯州和当时美国的多数州一样，规定堕胎是违法的。最终麦科维得到了地位远超于她的权势人物的关照，他们为实现堕胎合法化，让她作为主要原告，发起了一场集体诉讼，被告则是达拉斯郡检察官亨利·韦德，这件案子最终上诉到了美国最高法院，而此时麦科维已经化名为简·罗。

1973 年 1 月 22 日，法庭判罗女士胜诉，允许美国全境合法堕胎。然而，这对麦科维来说为时已晚，她已经把孩子生下来了，并开始寻找领养家庭。（多年后，她放弃了自己支持堕胎合法化的立场，摇身一变，成了反堕胎活动家。）

那么，“罗诉韦德案”如何在历经一代人之后，导致了有史以来最大幅度的犯罪率下跌呢？

仅就犯罪而言，并非人人生而平等，甚至可以说是天差地别。几十年来的研究表明，出生于不幸家庭的儿童走上犯罪道路的概率要远高于其他儿童。而在“罗诉韦德案”之后，很可能有数百万女性选择了堕胎，这些穷困潦倒、未婚先孕、承担不起非法堕胎或没有门路的未成年妈妈常常是不幸的代名词。正是这些母亲腹中的孩子，一旦降生，走上犯罪之路的概率会远高于平均水平，但由于“罗诉韦德案”，这些孩子并未出世。

这一颇具影响力的事件随后产生了一个巨大而深远的影响：多年后，这些未出世的孩子本应步入壮年，在“犯罪界”大展拳脚的时候，犯罪率开始骤降。

所以，美国犯罪高峰没有如期到来，并非得益于枪支管制、经济繁荣或新型的治安策略，而是因为潜在罪犯的数目大幅减少以及其他一些因素。

那么，那些犯罪率下降论专家（曾经的犯罪灭国论者）在媒体上信口开河，其中又有多少次提到了堕胎合法化也是原因之一呢？

一次也没有。

商业合作和友情兼顾的典型例子，就是雇房地产中介帮你卖房子。

房产中介估算房子的价值，拍几张照片，给房子定价，写上一则吸引眼球的广告，卖力地推销，讨价还价，然后坚守岗位到交易完成。

这自然需要花费很多心力，但她也能赚得不少提成。假如房子售价为30万美元，中介费通常为6%，即18 000美元。你心里会想，这可是很大一笔钱，但你也会想，单凭自己，房子绝对卖不到30万美元，中介知道如何让房子物尽所值，让自己拿到最高价。

也就是说，她对自己行当的了解程度远胜于外行人，知道自己代表的是谁的立场。关于房子的价值、房市现状甚至买家心态，她掌握着更加丰富的信息，你要靠她来了解这些信息，而人们雇用专家的原因不外乎如此。

当今世界，专业分工的细化催生了无数行业专家：医生、律师、承包商、股票经纪人、汽车修理工、抵押经纪人、理财规划师……他们手握巨大的信息资源，利用这一优势，帮助身为雇主的你以最优惠的价格获得你想要的东西。

能这么想自然不错，但专家也是人，受利益驱使。因此，任何专家如何待你，取决于激励专家的机制是什么样的。

有时，它有利于你。例如，一项有关加利福尼亚州汽车修理工的研究发现，汽车修理工常常宁愿放弃一小笔修理费，也会让不达标的车辆通过废气排放检测，其背后的原因，是网开一面的修理工能赢得回头客。

但激励机制也有对你不利的时候。一项医学研究发现，在生育率下降的地区，产科医师选择进行剖宫产的概率要远高于生育率处于上升趋势的地区。这表明，生意不景气时，医生会多做昂贵的手术，从中牟利。

凭空猜忌专家的渎职行为是一回事，要加以证明就是另一回事了。所以，最佳的证明方式就是对比专家提供给你的服务与他为自己提供的同类服务。可惜，外科医师不能给自己做手术，其医疗档案也不会公开，而汽车修理工的私车修理记录同样也不会公开。

然而，房地产销售记录却是公开的，而房地产中介也确实常常经手自己的房子。最近的一组数据统计了芝加哥郊区近 10 万处房产的交易记录，其中有 3 000 处的卖家就为房地产中介本人。

在研究数据之前，我们首先需要提一个问题：在推销自己的房产时，房产中介的动机是什么？答案很简单：做最划算的交易。

这也是你出售房子时所追求的。你和房产中介似乎志同道合，毕竟她的佣金是和售价挂钩的。

但随着激励机制的实施，佣金背后的复杂性就显露出来了。首先，6% 的房地产中介佣金通常要由买卖双方的中介平分，每一方还需要从自己分得的份额中返还一半给中介公司。也就是说，只有售价的 1.5% 是直接落入你方中介人手中的。

这样一来，假如你的房子售价为 30 万美元，佣金则为 18 000 美元，但她的个人所得只有 4 500 美元。

“仍然不少了。”你会这样想。

但假如房子的实际价值不止 30 万美元呢？假如她只需多做一点儿功课、多一点儿耐心、多发几则广告，就可以卖到 31 万美元呢？扣除佣金，你能多赚 9 400 美元，但中介的佣金却只增加了区区 150 美元——高出的 1 万美元的 1.5%。

你能多赚 9 400 美元，而她只能多赚 150 美元，你们或许并不能算志同道合。（而且她还需要自掏腰包打广告、负责跑腿。）那么，中介是否愿意为了区区 150 美元而投入额外的时间、金钱和精力呢？

只有一种方法可以找到答案：对比房地产中介私有房产及其客户房产的销售数据，计算差额。以 10 万处芝加哥房产的销售数据计算，控制所有变量——地理位置、房龄、房屋质量、外观、是否为投资性房产等，最终得到的结果是，房地产中介的私有房产在市场上挂牌出售的平均时间要多出 10 天，售价则高出 3%，即市价 30 万美元的房子，其售价要高出 1 万美元。中介出售私有房产时，会坚持等到最高价，而经手你的房产时，只要有过得去的报价，他就会劝你接受。正如股票经纪人为了赚取佣金会进行挤油交易[①]，中介也希望更多更快地交易。何乐而不为呢？毕竟苦等最高价也只能多赚区区 150 美元，这利益太微不足道了，不值得她这么做。

关于政治的真理不一而足，其中最为人信奉的一条，是金钱可以收买选举。阿诺德 · 施瓦辛格、迈克尔 · 布隆伯格[②]、乔恩 · 科尔津[③]——这只是几个近期出现、引人关注且能佐证这一真理的例子。（暂且不论史蒂夫 · 福布斯[④]、迈克尔 · 赫芬顿[⑤]，尤

① 挤油交易，即反复买卖，是指证券经纪人通过为客户进行过多买卖而增加佣金的不道德行为。——译者注

② 迈克尔 · 布隆伯格，彭博新闻社创始人，2001—2013 年担任纽约市市长。——译者注

③ 乔恩 · 科尔津，2001—2006 年任美国参议员，2006—2010 年任美国新泽西州州长。他还是高盛集团的前总裁。——译者注

④ 史蒂夫 · 福布斯，美国福布斯集团总裁兼首席执行官以及《福布斯》杂志总编辑，曾于 1996 年和 2000 年两次争取共和党的提名竞选总统，并投入 6 700 万美元，但均以失败告终。——译者注

⑤ 迈克尔 · 赫芬顿，《赫芬顿邮报》网站创始人阿里安娜 · 赫芬顿的前夫，曾任美国众议员。1994 年，他花费 2 800 万美元，竞选美国参议院席位，但最终落败。他的竞选投入在当时创造了美国非总统竞选投入的新高。——译者注

其是托马斯·格里萨诺①这样的反面例子。格里萨诺三次竞选纽约州州长，自掏腰包共花费9 300万美元，但三次分别只获得了4%、8%和14%的选票。）多数人都认为，金钱对选举结果产生了不正当的影响，过多的资金挥霍在了政治竞选中。

诚然，选举统计数据显示，在竞选中投入手笔更大的候选人常常会胜出，但金钱是否真的是他们获胜的原因呢？

这么想似乎顺理成章，那说20世纪90年代的经济繁荣导致了犯罪率的下降，似乎也顺理成章。然而，二者存在相关关系，并不等同于一者导致了另一者。相关关系仅表示，两个因素——姑且称之为X和Y——之间存在某种关系，但你无从判断孰因孰果。有可能是X导致了Y，有可能是Y导致了X，也有可能X和Y均由另一个因素Z导致。

请对如下相关关系进行思考：凶杀案频发的城市，往往警力也非常充足。以两个真实城市中警力与凶杀案之间的相关关系为例，假设这两个城市为丹佛市与华盛顿市，二者人口相当，但华盛顿的警力接近丹佛的3倍，其凶杀案发数则是后者的8倍。然而，在不了解详情的情况下，孰因孰果很难说。可能某些一知半解的人，对这些数据略做思考，就妄下结论，认为是警力过多导

① 托马斯·格里萨诺，美国薪酬管理公司沛齐公司创始人，美国冰球联盟水牛城军刀队的前任共同所有人，曾三次以独立候选人的身份竞选纽约州州长。——译者注

致了华盛顿凶杀案频发。这种望文生义的思维方式，古已有之，而且常常会导致人们采取自以为是的应对措施。正如一则民间传说所言，一位沙皇得知其帝国内疾病肆虐最严重的省份也是医生数量最多的省份，于是，他的解决方案是，下令立即处死所有医生。

现在回到竞选开支的话题上，为分析金钱与选举结果之间的关系，我们需要思考影响竞选经费的因素。假设你手上有 1 000 美元，想要捐献给某位候选人，你可能会在两种情况下选择捐献这笔钱：其一，在难分伯仲的情况下，你认为金钱会左右最终的结果；其二，某位候选人一骑绝尘，你想沾一点儿光，抑或想在将来获得某些实际的关照。你肯定不会把钱捐给必败无疑的候选人。（这点你可以去问那些在艾奥瓦州和新罕布什尔州[①]遭到重创的总统候选人。）因此，大选领跑者和竞选连任者所筹得的资金远超不成气候的候选人。那么竞选开支呢？竞选连任者和大选领跑者显然拥有更多资金，但只有在确实有落选可能的情况下，他们才会一掷千金。必胜无疑的话，他们何必动用这笔竞选资金呢？毕竟这些资金在以后遭遇强敌时，能派上更大的用场。

现在假设有两位候选人，一位天生富有魅力，另一位则并非

① 艾奥瓦州是美国总统大选中最早举行党团会议的州，而新罕布什尔州则是最早进行初选的州，两个州均领先于其他州开出初选结果，因此被称为“美国总统大选的前哨站”。——译者注

如此。讨喜的候选人筹集到了更多的资金，轻而易举地胜出。不过，到底是金钱为他赢得了选票，还是他的个人魅力让他选票与金钱双收？

这是一个至关重要的问题，却很难解答。毕竟，选民吸引力不易量化，那有什么办法能衡量选民吸引力呢？

基本没有办法——只有一个例外。唯一的办法就是对比两次竞选中的同一位候选人。即，候选人 A 与 2~4 年后的自己很可能相差无几。对于候选人 B，同样也可以做此假设。假如候选人 A 与候选人 B 在连续两次竞选中对垒，但两次的开支不同，那么鉴于二者的个人魅力值变化无几，我们便可衡量金钱在其中所起的作用。

我们发现，同样两位竞选人在多次竞选中连续对垒，这样的情况时有发生——实际上，自 1972 年以来，有近千次国会竞选都出现了这种状况。那么这些案例的数据说明了什么呢？

结果出乎意料：候选人的竞选开支影响甚微。有冠军相的候选人即便将开支减半，也只会丢掉 1% 的选票，而没有冠军相的候选人，即便开支翻倍，也只能为自己多拉 1% 的选票。对于政治候选人来说，开支多少并不重要，重要的是其个人品质。（这也适用于父母，第五章会提及这点。）有的政客天生讨选民喜欢，有的则不然，花多少钱也无法弥补这一点。（福布斯、赫芬顿和格里萨诺几位大鳄想必有所体会。）

那么这条选举真理的下半句呢？耗费在竞选活动上的资金多到令人发指？一个选举周期通常包括总统大选和参众两院选举，每年的竞选开支约为 10 亿美元。这听起来是一笔巨款，除非你将这笔钱同某项重要性显然不及民主选举的开支做一下对比。例如，美国人每年花在口香糖上的开支也是 10 亿美元。

本书所要探讨的，并非口香糖开支与竞选开支的对比，或欺瞒客户的房地产中介，也不是堕胎合法化对犯罪率的影响，书中自然会对此类情况做出分析，同时还会涉及不少其他话题，包括育儿之道、欺诈技巧、贩毒团伙的内部运作方式及《智者为王》[①]中的种族歧视。本书的真正目的是拨开蒙在现代生活之上的迷雾，探究内在的真相。我们会提出很多疑问，有的无关痛痒，有的则是生死攸关的大事。答案可能常常听起来怪诞不经，但经事实分析后，会变得显而易见。我们会从数据中寻找答案——所谓的数据可能是学生的测验分数，可能是纽约的犯罪统计数字，也可能是毒贩的收支记录。我们常常会利用数据中偶然呈现出来的规律，这些规律就如同飞机掠过高空留下的飞行轨迹。就某个话题抒发己见或著书立说自然可以，人类对此乐此不疲，但若能撇开道德

① 《智者为王》(*The Weakest Link*)，源自英国的电视游戏节目，世界多处地方均制作了当地版本。游戏节目中，各个参赛者要一个接一个连续正确地回答问题，才能获得最高奖金，情况犹如锁链中一环扣一环。每一回合参赛者会互相投票选出该回合的“最弱一环”，他会被主持人驱逐出局离场。——译者注

立场，沉下心来钻研数据，常常会得到有悖传统、出乎意料的发现。

可以说，道德代表了人类希望这个世界应该如何运转，而经济学代表着其实际的运转方式。经济学首先是一门有关测评的学科，它包含一系列行之有效、用途广泛的工具，可以对大量信息如就业、房地产、金融和投资进行确切的评估，以确定任意因素的影响，乃至所有影响，这才是“经济”的根本要义。但经济学的工具也完全可以用于分析其他话题，而且这些话题可以说更有意思。

本书将从一个非常明确的世界观出发，立足于以下几个根本观点，来表达我们自己的思想：

诱因是现代生活的基石。理解，或仅仅是寻找到这些因素，是解决几乎任何谜团的关键，从暴力犯罪到假球案，再到网恋，无一例外。

传统观念常常是错的。20世纪90年代的犯罪率并未一路蹿升；仅仅一掷千金换不来选举胜利；而且出乎意料的是，没有任何证据证明一天喝八杯水有益健康。传统观念常常漏洞百出，同时又极难看穿，但戳穿这些观点并非不可能。

轰动性事件常常起因于风马牛不相及甚至微不足道的事情。谜团的答案不会总是一目了然。诺尔马·麦科维对犯罪率的影响，远远超过了枪支管理、经济繁荣和新治安策略三种措施的共同影响。与她类似的，还有后文会提到的奥斯卡·丹尼洛·布兰登，绰号“快克界的苹果籽约翰尼”[①]。

专家——包括犯罪学家和房地产中介——利用手中的信息资源优势谋一己私利。不过，在他们面前班门弄斧也可以成功。面对互联网的普及，他们的信息优势在日益缩减——佐证就是棺材价格和人寿保险费用的下跌等。

知道什么值得测评以及如何测评，有助于理清这个纷繁复杂的世界。如果你学会以正确的方式观察数据，某些以其他方式无法解答的谜团就会迎刃而解，因为要击碎混淆视听和自相矛盾的谎言，数据的力量就无可比拟。

因此，本书旨在探究万事万物隐秘的一面，或许这偶尔会徒劳一场，或许有时感觉是在以管窥天，或者感觉眼前之景光怪陆离，但其目的就是以前所未有的方式观察并审视许多不同的情形。从某些方面来讲，这对于本书来说是奇怪的切入点，因为多数书会选择提出一个统一的主题，且三言两语即可表达清楚，然后再围绕这个主题娓娓而谈。本书并没有这样一个统一的主题，虽然我们确曾考虑了6分钟，以是否让本书围绕一个主题展开，如应用宏观经济学理论与实践，但有人感兴趣吗？所以，我们最终还是选择了类似寻宝游戏的架构。诚然，这一架构会采用经济学中

① 快克指强效可卡因；苹果籽约翰尼，原名约翰尼·查普曼，美国早期历史上的一位传奇人物，将苹果引入了美国西北部地区。——译者注

最优秀的分析工具，但也会让我们得以循着自己突发奇想的思路探究下去。因此，我们虚构了一门学科：魔鬼经济学。本书中出现的故事甚少能进入经济学课本，但这种情况或许也会改变。鉴于经济学从根本而言由一系列工具构成，而非形而上的学科，因此无论多么稀奇古怪的话题，应该都没有超出其范畴。

值得一提的是，古典经济学的鼻祖亚当·斯密首先是一名哲学家，他本一心想成为道德家，不料却因此成了经济学家。1759年，他出版了《道德情操论》，彼时现代资本主义方兴未艾，这股新生力量带来的巨变，令亚当·斯密着迷。但他感兴趣的并非数字，而是数字对人的影响。经济的力量大大改变了人们在某些情况下的思想和行为，是什么驱使一个人犯下欺盗之罪，而另一些人却无此劣行？一个人看似平淡无奇、或好或坏的选择如何对许多人造成翻天覆地的影响？在亚当·斯密的时代，因果之间的联系日益走向深化，动机的作用被成倍放大，如同我们今天所面临的现代生活变革，这些变革摧枯拉朽，对彼时的人们造成了巨大冲击。

亚当·斯密真正的研究主题是个人欲望与社会规范之间的矛盾。经济历史学家罗伯特·海尔布隆纳在其著作《经济学统治世界》中，探讨了亚当·斯密如何将生性自私的人类行为和人类所构建的更加高尚的道德水准区分开来。

“亚当·斯密认为，答案在于我们有能力将自己置于第三者的地位，成为公正的观察者，”海尔布隆纳写道，“以此形成对某件事的客观……价值评价。”

那么请设想，你在一位或者两位第三者的陪伴下，迫不及待地想探究某些有趣案例的客观价值。但是，在踏上探索之旅前，我们通常要先提一个异常简单却无人提过的问题，比如：教师与相扑力士有何共同点？

第一章

教师与相扑力士有何共同点？

假设你是一家托儿所的所长，托儿所明文规定，托管儿童下午 4 点之前必须被接走，但家长经常迟到，每天下班时，总有几个惶惶不安的孩子还没走，至少得有一名教师留下来等待姗姗来迟的家长，怎么办？

两位经济学家听说了这一非常常见的难题，于是提出了解决方案——对迟到的家长进行罚款。毕竟，托儿所没有必要白白照顾这些儿童。

经济学家决定以以色列海法市的 10 家托儿所为样本进行调查，以验证这一解决方案是否有效。调查为期 20 周，但罚款措施并未立即实施，在前 4 周的时间里，经济学家仅仅将家长迟到的次数记录在案，且每家托儿所每周平均有 8 位家长迟到。到第 5 周，罚款措施开始实施，托儿所宣布，迟到 10 分钟以上的家长，每名儿童每次罚款3美元，罚款会计入其每月的托管费中，基本托管费约为每月380美元。

罚款措施实施以后，家长迟到次数立即增加了，没过多久，每周迟到的家长便增加到了20人次，较原先翻了一倍以上。

这项惩罚性措施显然适得其反。

经济学，从根本而言，是一门研究动机的学科：人如何得偿所愿或满足所需，尤其是在其他人欲求相同的情况下。经济学家对动机甚是热衷，他们凭空创造出假设，并把它束缚在一个框框内，对其进行研究，将其玩弄于股掌之上。经济学家常常认为，只要能不受约束地制定出相应方案，天底下就没有他们解决不了的问题。其解决方案或许有时并不温和（可能涉及高压统治、横征暴敛或侵犯公民自由），但最初的问题，尽管放心，一定能迎刃而解。它是一剂强心针，是一种施压手段，是秘诀所在：常常看似微不足道，却拥有扭转局势的惊人力量。

自呱呱坠地开始，我们便要学习在或积极或消极的动机驱使下行动。在蹒跚学步的年纪，你如果溜开去摸火炉，会被烫伤手指；而拿着满分成绩单回家，你会得到一辆新单车。你如果在课堂上被逮到挖鼻孔，会成为笑柄；而你如果入选篮球队，会出人头地。你如果夜不归宿，会被父母禁足；你如果高考拿了高分，就能去名校读大学。你如果从法学院辍学，就只能在父亲的保险公司上班；而你如果业绩出色，引得对手公司打电话来挖墙脚，就有可能得到副总裁之位，而且再也不用在你父亲手下干活了。你如果因为做了副总裁就得意忘形，开车回家的路上冲到了时速80英里[①]，就会被警察勒令停车，得到100美元的罚单；但你如果完成了销售目标，拿到了年终奖金，你不仅不用担心这100美元的罚单，还可以买下你梦寐以求的维京厨具。

动机只是驱使人避恶行善的一种手段，但多数动机并非天然形成的，必须有人——经济学家、政客或家长——去凭空创造。你那三岁的小孩连续一周都好好吃饭了？如果是，她可以去玩具店挑奖品了。某家大型炼钢厂的废气排放严重超标？对于超过法定排放上限的污染物，每吨征收一定罚款。太多美国人没有缴纳个人所得税？经济学家米尔顿·弗里德曼给出了对策：从员工薪水中自动扣除所得税。

动机分三大类：经济动机、社会动机和道德动机。一套动机方案常常三种皆有。以近几年的禁烟运动为例，每包烟多收3美元的“罪孽税”[②]，这是能有效减少烟草销售的经济动机；餐馆、酒吧等场所禁烟是有效的社会动机；而美国政府声称恐怖分子通过贩卖黑市香烟筹集资金，这是能有效唤醒良知的道德动机。

人类将迄今为止所发明的最行之有效的某些动机用于预防犯

---

① 1英里≈1609.34米。——编者注

② “罪孽税”，指美国对酒、香烟、赛马场、赌博以及被认为是罪恶的其他项目或活动所征的税。——译者注

罪。有鉴于此，一个常见的问题或许值得一问：现代社会为何犯罪猖獗？然后再反过来问：为何没有变得更加猖獗？

毕竟，人人都有犯下伤人、盗窃和欺诈之罪的可能，却没有让这些“可能”转化为现实。锒铛入狱并因此承担丢掉工作、被没收房子、失去自由的风险自然是很有效的因素，这些从本质而言都是经济处罚。但就犯罪而言，防止人们越界的还有道德因素（不愿做自认为不对的事）和社会因素（不愿成为他人眼中的作恶之人）。对于某些不端行为，社会因素起到了令人生畏的恫吓作用。《红字》中海丝特·白兰的遭遇在现实中得到了印证。如今有许多美国城市以“揭丑”的方式打击卖淫业，嫖客和妓女一旦罪名成立，照片会由网站或本地电视台发布。哪种措施更有威慑力？因召妓被罚款 500 美元，还是让他的亲朋好友在 www.HookersAndJohns.com 上看到他的照片？

因此，通过一张错综复杂、扑朔迷离、不断调整且经济、社会和道德因素交织的网络，现代社会不遗余力地阻止犯罪蔓延。有人会说，效果并不理想，但从长期来看，事实显然并非如此。以历史上（排除战争时期）凶杀案案发率的变化趋势为例，凶杀案是数据统计最精确的犯罪类型，也是最能反映社会总体犯罪率的晴雨表。以下数据由犯罪学家曼纽尔·艾斯纳整理，记录了欧洲五大地区历史上的凶杀案案发率，见表 1–1。

表 1-1　欧洲五大地区凶杀案数据

（每 100 000 人）

	英格兰	荷兰与比利时	斯堪的纳维亚半岛	德国与瑞士	意大利
13—14 世纪	23.0	47.0	未知	37.0	56.0
15 世纪	未知	45.0	46.0	16.0	73.0
16 世纪	7.0	25.0	21.0	11.0	47.0
17 世纪	5.0	7.5	18.0	7.0	32.0
18 世纪	1.5	5.5	1.9	7.5	10.5
19 世纪	1.7	1.6	1.1	2.8	12.6
1900—1949 年	0.8	1.5	0.7	1.7	3.2
1950—1994 年	0.9	0.9	0.9	1.0	1.5

这些数据在几百年间直线下降，表明对于人类最大的担忧之一——被杀，我们齐心协力制定出来的遏制政策越来越有效。

那么以色列托儿所采纳的罚款措施错在哪里？

你想必已经猜到，3 美元的罚款太微不足道了。按照这个价钱，独生子女父母每天都迟到，每月也只需多花 60 美元——仅为基本托管费的 1/6。就幼儿托管费而言，这个价钱相当划算。假如罚款是 100 美元，而非区区 3 美元呢？这样大概能完全杜绝家长迟到，但也会引起许多人的反感，因为罚款从本质上讲是一种权衡措施，所以必须平衡利弊。

但托儿所的罚款还有另一个问题，这一措施用经济手段（3 美元罚款）取代了道德手段（家长迟到时理应产生的内疚感），他们每天只需多花几美元就可以消除内疚感。而且，罚款数额太低，让家长认为接孩子迟到不是什么大不了的问题。假如一名家长迟到只造成 3 美元的损失，那还何必提前结束一场网球赛呢？果不其然，经济学家在调查的第 7 周取消了罚款，家长迟到的次数并无变化，现在他们可以放心迟到了，不用交罚款，也毫无愧疚感。

调控的本质就是如此奇特而又影响深远，一点儿微小的调整便可能造成极端彻底且常常出乎意料的后果。托马斯·杰斐逊早已认识到了这一点，他认为是一点儿蝇头小利引发了波士顿倾茶事件，进而又掀起美国独立战争："这个世界上的因果循环神秘莫测，对一部分扣押茶叶不当征收的两便士茶叶税，就改变了整个大陆居民的境况。"

20 世纪 70 年代，研究人员展开了一场调查，与以色列托儿所调查类似，此次调查也将道德因素和经济因素对立起来进行比较。这一次，他们想了解献血活动背后的动机，其发现如下：如果献血者收获的不仅仅是对其无私行为的赞扬，还可以拿到一小笔补贴，献血量会下降。原因在于，这笔补贴将一件高尚的善举变成了一种为挣几美元而吃苦受罪的行为，而且这点儿蝇头小利完全不值得。

假如献血者可以拿到 50 美元、500 美元或 5 000 美元的奖励呢？当然，献血者会因此趋之若鹜。

但与此同时，其他方面也会发生显著变化，因为所有动机都有其弊端。如果一品脱（约 0.47 升）血液一夜之间上涨到了 5 000 美元，无疑会有许多人心生歹意，他们可能会动手持刀抢血，可能会用猪血鱼目混珠，可能会用假身份证来钻献血次数限制的空子。无论是何动机，无论情形如何，狡猾之徒总会不择手段地谋取私利。

换言之，正如 W. C. 菲尔兹[①]所言：值得拥有的东西就是值得为之欺骗作弊的东西。

那么，都有谁会作弊呢？

实际上，几乎人人都会，只要赌注正中下怀。你可能会对自己说，不管为了什么，我都不会作弊，然后你就会想起：你有次打桌游的时候作弊了，而且就在上周；或者打高尔夫球的时候，你把球从球位不佳的位置上悄悄推开了；又或者是某次你很想从办公休息室里拿一块百吉饼，而你得在咖啡罐里丢一块钱才能拿走，但你却没带零钱，不过还是顺走了一块百吉饼，还在心里暗暗地说，下次放双倍的钱就行了，但你后来也没放。

既然有聪明人费心设计出了行为框架，就有成千上万聪明或不聪明的人会花费更大的心思去钻空子。作弊是否是人之天性尚未可知，但确实是人类试图为之的一个突出特征。作弊是一种原

① W. C. 菲尔兹，原名威廉 · 克劳德 · 达肯菲尔德，美国喜剧演员兼作家。——译者注

始的经济行为——不劳而获。因此，会作弊的不仅仅是那些名头响亮的大人物——进行内幕交易的总裁、服用兴奋剂的棒球选手和挪用公款的政客，也包括私吞小费而没有上交老板的女招待，以及在电脑上修改员工工时以提高自己业绩排名的经理，甚至还包括担心留级所以在考试中抄同桌答案的三年级小学生。

有些作弊行为仅仅留下一点儿蛛丝马迹，但有些作弊行为却昭然若揭。比如 1987 年春一个深夜发生的奇事：700 万美国儿童人间蒸发了。有史以来最大的绑架案？不可能。事情发生在 4 月 15 日晚，美国国家税务局修改了一条规定，此前纳税人只需为每名受其监护的儿童上报姓名即可，现在则需提供社保号码。突然之间，700 万儿童——前一年由监护人为申请免税而在 1 040 张报表中捏造的幽灵儿童——人间蒸发了，那可是美国所有受监护儿童的 1/10。

这些作弊的纳税人受何动机驱使？显而易见，他们同上文的女招待、经理和三年级小学生如出一辙。那么，三年级小学生的老师呢？是否有动机驱使他去作弊呢？如果有的话，他会如何瞒天过海？

抛开前文以色列海法市托儿所的例子，现在假设你负责管理芝加哥公立学校，该学区每年覆盖 40 万名学生。

目前在美国学校管理者、教师、家长和学生中间，讨论最为激烈的话题是“高标准”的成绩测验。之所以说高标准，是因为这些测验不仅意在测试学生的学业水平，其测验成绩也开始越来越多地用于考察学校。

联邦政府将这些高标准的成绩测验强制列入了布什总统 2002 年签署的《有教无类法案》[①]。但早在该法案实施之前，多数州就已经开始组织中小学学生进行年度统一测验了，20 个州对成绩优异或进步明显的学校给予了奖励，32 个州对表现不佳的学校进行了处罚。

芝加哥公立学校系统于 1996 年采纳了高标准的测验方式。新政实施后，测验分数过低的学校将被停课整顿，面临被关闭的风险，教职员工则会遭到解雇或调任。该系统还废除了自动升学机制，此前，只有成绩一塌糊涂或完全不思进取的学生才会遭到留级处罚。而现在，所有三年级、六年级和八年级学生均需参加名为艾奥瓦基本技能测试的选择题考试，达到分数线才能升年级。

这种高标准测验的支持者认为，测验提高了学业水平，督促学生更加刻苦地学习。另外，测验使得一无是处的差等生无法升年级，他们因此不会占用高年级名额，拖优等生的后腿。而反对者则担心某些学生会因为测验发挥失常而遭到不公正的惩罚，教

① 《有教无类法案》，简称 NCLB，是 2002 年 1 月 8 日签署的一项美国联邦法律，旨在解决美国贫困地区学生和黑人男生的受教育问题，该法案引起了广泛影响。——译者注

师上课会以考试内容为纲，从而忽视了更重要的课程内容。

自然，自考试诞生以来，就存在驱使学生去作弊的因素，但高标准测验从根本上改变了教师所面对的现实，让他们也有理由作弊了：在高标准测验制度下，如果学生的测验成绩不佳，教师就需接受审核，或被取消加薪升职资格；如果学校整体成绩不佳，联邦政府则会扣留拨款；如果学校遭到停课整顿，教师则有被解雇之虞。高标准测验机制也为教师创造了一些正面的效应：如果学生成绩优异，教师则可能获得嘉奖、升职或加薪，加利福尼亚州就曾有一段时间为高分考生的老师设立了25 000美元的奖金。

假如某位教师对这种新的测评机制做一番研究，动了替学生拉高分数的念头，那就还有最后一个因由或许能帮她壮胆：教师作弊鲜有人追查，很难被发现，也几乎从未受到过处分。

教师如何作弊？方法不胜枚举，或明目张胆，或巧施伎俩。近日，奥克兰市有一名五年级小学生放学回家后，兴高采烈地告诉妈妈，她的老师非常体恤学生，把州内统考的答案抄在了黑板上。这样的例子当然非常罕见，因为再不称职的老师，也不会冒险在众目睽睽之下如此作弊，把命运交由30名少不更事的儿童（这名奥克兰的教师当即遭到解雇）。拉高学生分数还有很多更加巧妙的伎俩，比如老师只要延长考试时间即可。如果她提前——以不法手段——拿到了考卷，她大可以帮学生预习考题。

若以广义的作弊概念论，她还可以进行“应试教育”，根据前几届的考试内容进行备课，尽管这不会被视为作弊，但也与测验宗旨完全背道而驰。由于测验内容均为选择题，选错答案不会扣分，教师大可以让学生在时间不够的情况下，随机选择未答题目，可以一律选 B，或 B、C 两项交替选择。她甚至可能会等学生退场之后，替他们填上空白项。

假如教师真想作弊，且不想白忙一场，她可能会收起学生的答卷，在交由电子扫描仪扫描读卷之前的一个小时左右的时间里，擦掉错误的答案，填上正确的答案（而你还一直以为用 HB 铅笔是为了让学生修改答案）。假如真有用此类方式作弊的教师，又如何才能查出来?

要想揪出作弊者，需要换位思考。假如你想擦掉学生的错误答案，填上正确答案，你应该不会改掉太多题目，那样显然会露出马脚。你应该也不会将每个学生的考卷都改一遍，这也会露出马脚，而且你多半也来不及，因为考试结束之后，答卷很快就得上交。因此，你的做法可能是挑选 8~10 道连续的题目，在一半或 2/3 的考卷上填上正确答案，因为一短串答案很容易记，更换这几道题目的答案，要比把所有考卷挨个翻一遍快得多。你或许还会选择试卷末尾的题目，因为后边的题目通常比前边的题目难度大，这样一来，需要改答案的概率是最高的。

如果说经济学主要是研究动机的学科，这门学科——万幸的是——还有统计工具，可以考察人面对动机做何反应。

万事俱备，只欠数据。

在该例中，芝加哥公立学校系统补上了这一空缺。该系统公布的数据库中包含 1993—2000 年学区内每名三至七年级学生的测验答案。芝加哥公立学校每年每年级的学生约 3 万名，答卷 70 万份，题目将近 1 亿道。这份数据按考场编排，包含每名学生阅读及数学测试的逐题答案序列。（原答卷并不包含在内，因为测试结束后要按惯例销毁。）数据还包含每名教师的部分信息、全部学生人数的统计信息及其以前和此后的考分，这在追查教师作弊行为的过程中起到了关键作用。

接下来要做的就是设计算法，从海量的数据中得出某些结论，确定作弊教师会出现在什么样的考场里。

要搜寻的第一条线索是同一考场内出现的异常答题规律：如不同考卷连续出现雷同答案，尤其是难度较大的题目。假如 10 名优等生（根据以前及此后考分判断）考试前 5 道题（通常为难度最低的题目）全部答对，这类雷同答案不应算作疑点。但如果是 10 名差等生考试后 5 道题（难度最高的题目）全部答对，这就值得一查了。另一个疑点则是任意考生考卷上出现的异常规律——比如答对了难题却答错了简单的题目——尤其是有别于同一考试其他考场数千份同分考卷的地方。此外，这则算法还会查出单次考试中单个考场是否存在过多考生成绩大幅优于以往考试却远低于其后一次考试的情况。若仅仅是某年成绩突然上涨，这或许是教师的功劳，但如果其后一次考试成绩又突然大幅下跌，此前的进步就很有可能是人为作弊了。

以芝加哥同一场数学测验中两个六年级考场的考卷为例。每一行即是一名学生的答案。字母 a、b、c、d 表示正确答案，而数字则表示错误答案，1 代表 a，2 代表 b，以此类推，0 表示该题目未作答。几乎可以确定两个考场中一名教师有作弊行为，一名没有。试着找出区别——不过，需要提醒的是，用肉眼是很难看出来的。

考场 A

112a4a342cb214d0001acd24a3a12dadbcb4a0000000

d4a2341cacbddad3142a2344a2ac23421c00adb4b3cb

1b2a34d4ac42d23b141acd24a3a12dadbcb4a2134141

dbaab3dcacb1dadbc42ac2cc31012dadbcb4adb40000

d12443d43232d32323c213c22d2c23234c332db4b300

db2abad1acbdda212b1acd24a3a12dadbcb400000000

d4aab2124cbddadbcb1a42cca3412dadbcb423134bc1

1b33b4d4a2b1dadbc3ca22c000000000000000000000

d43a3a24acb1d32b412acd24a3a12dadbcb422143bc0

313a3ad1ac3d2a23431223c000012dadbcb400000000

db2a33dcacbd32d313c21142323cc300000000000000

d43ab4d1ac3dd43421240d24a3a12dadbcb400000000

db223a24acb11a3b24cacd12a241cdadbcb4adb4b300

db4abadcacb1dad3141ac212a3a1c3a144ba2db41b43

1142340c2cbddadb4b1acd24a3a12dadbcb43d133bc4

214ab4dc4cbdd31b1b2213c4ad412dadbcb4adb00000

1423b4d4a23d24131413234123a243a2413a21441343

3b3ab4d14c3d2ad4cbcac1c003a12dadbcb4adb40000

dba2ba21ac3d2ad3c4c4cd40a3a12dadbcb400000000

d122ba2cacbd1a13211a2d02a2412d0dbcb4adb4b3c0

144a3adc4cbddadbcbc2c2cc43a12dadbcb4211ab343

d43aba3cacbddadbcbca42c2a3212dadbcb42344b3cb

考场 B

db3a431422bd131b4413cd422a1acda332342d3ab4c4

d1aa1a11acb2d3dbc1ca22c23242c3a142b3adb243c1

d42a12d2a4b1d32b21ca2312a3411d00000000000000

3b2a34344c32d21b1123cdc0000000000000000000

34aabad12cbdd3d4c1ca112cad2ccd00000000000000

d33a3431a2b2d2d44b2acd2cad2c2223b40000000000

23aa32d2a1bd2431141342c13d212d233c34a3b3b000

d32234d4a1bdd23b242a22c2a1a1cda2b1baa33a0000

d3aab23c4cbddadb23c322c2a222223232b443b24bc3

d13a14313c31d42b14c421c42332cd2242b3433a3343

d13a3ad122b1da2b11242dc1a3a1210000000000000

d12a3ad1a13d23d3cb2a21ccada24d2131b440000000

314a133c4cbd142141ca424cad34c122413223ba4b40

d42a3adcacbddadbc42ac2c2ada2cda341baa3b24321

db1134dc2cb2dadb24c412c1ada2c3a341ba20000000

d1341431acbddad3c4c213412da22d3d1132a1344b1b

1ba41a21a1b2dadb24ca22c1ada2cd3241320000000

dbaa33d2a2bddadbcbca11c2a2accda1b2ba20000000

如果你猜的是考场 A 作弊了，那么恭喜你答对了。电脑应用作弊识别算法，找出可疑序列后，将考场 A 的答案序列重排如下。

考场 A

1　112a4a342cb214d0001**acd24a3a12dadbcb4**a0000000

2　1b2a34d4ac42d23b141**acd24a3a12dadbcb4**a2134141

3 db2abad1acbdda212b1**acd24a3a12dadbcb4**00000000

4 d43a3a24acb1d32b412**acd24a3a12dadbcb4**22143bc0

5 1142340c2cbddadb4b1**acd24a3a12dadbcb4**3d133bc4

6 d43ab4d1ac3dd43421240d24**a3a12dadbcb4**00000000

7 dba2ba21ac3d2ad3c4c4cd40**a3a12dadbcb4**00000000

8 144a3adc4cbddadbcbc2c2cc4**3a12dadbcb4**211ab343

9 3b3ab4d14c3d2ad4cbcac1c00**3a12dadbcb4**adb40000

10 d43aba3cacbddadbcbca42c2a32**12dadbcb4**2344b3cb

11 214ab4dc4cbdd31b1b2213c4ad4**12dadbcb4**adb00000

12 313a3ad1ac3d2a23431223c000**12dadbcb4**00000000

13 d4aab2124cbddadbcb1a42cca34**12dadbcb4**23134bc1

14 dbaab3dcacb1dadbc42ac2cc310**12dadbcb4**adb40000

15 db223a24acb11a3b24cacd12a241c**dadbcb4**adb4b300

16 d122ba2cacbd1a13211a2d02a2412d0dbcb4adb4b3c0

17 1423b4d4a23d24131413234123a243a2413a21441343

18 db4abadcacb1dad3141ac212a3a1c3a144ba2db41b43

19 db2a33dcacbd32d313c21142323cc300000000000000

20 1b33b4d4a2b1dadbc3ca22c000000000000000000000

21 d12443d43232d32323c213c22d2c23234c332db4b300

22 d4a2341cacbddad3142a2344a2ac23421c00adb4b3cb

请看加粗标出的答案，22 名学生中，有 15 名连续 6 道相同题目全部答对（d–a–d–b–c–b 序列）。他们仅仅是不谋而合吗?

至少有四点原因可以说明这不可能是巧合：其一，这几道题目位于试卷临近末尾处，难度高于前边的题目；其二，这几名学生水平欠佳，其中没几个能在考卷其他地方连续答对 6 道题，因此更加不可能连续答对相同 6 道难度较大的题目；其三，在考卷这部分题目之前，15 名学生的答案几乎没有雷同之处；其四，3 名学生（1 号、9 号和 12 号）在可疑序列之前有数道题目未予作答，试卷最后几道题目也未予作答。这表明，考卷原本留下了连续数道空白题目，在中间几道填上答案的并非学生，而是老师。

该可疑答案序列还有一点奇怪之处，在 15 份可疑考卷中，有 9 份考卷除了 6 道正确答案雷同，之前还有 4 道题目答案雷同：3–a–1–2。4 题 3 错。在所有 15 份答卷中，6 道雷同的正确答案之后，还有 1 道雷同的错误答案：4。这名作弊的教师究竟为何要费事擦掉学生的答案，填上错误的答案呢?

也许这只是他留的后手。万一被逮到，被叫进校长办公室，他可以指出错误的答案，证明自己没有作弊。抑或这种说法有些不近人情，但也确有可能，因为他自己也不知道正确答案。（在标准化考试中，通常教师手中也没有参考答案。）若果真如此，那么我们完全可以想见为何他的学生需要用作弊来拉高分数：因为他们有个能力欠佳的老师。

证明考场 A 的教师存在作弊行为的另一个迹象，是该班级的整体成绩。六年级学生要在当学年的第八个月参加测验，且须达到 6.8 分的平均分才算符合全国标准。（五年级学生在当学年第八个月参加测验，达标分数为 5.8 分，七年级学生为 7.8 分，以此类推。）考场 A 的学生在六年级测验中拿到了 5.8 分的平均分，仅相当于五年级的水平，未达标。因此，这些学生显然属于差等生。但一年之前，他们的成绩更差，五年级测验的平均分只有 4.1 分。从五年级升入六年级，预期成绩涨幅应为 1 分，但实际涨幅为 1.7 分，相当于将近两个年级的预期涨幅。但这种不可思议的进步昙花一现，这些六年级学生升入七年级后，测试平均分为 5.5 分——低于五年级达标水平，甚至也低于其在六年级时的成绩。表 1–2 为考场 A 三名学生的学年分数，变化很不规则：

表 1–2　考场 A 三名学生的学年分数

	五年级分数	六年级分数	七年级分数
3 号学生	3.0	6.5	5.1
5 号学生	3.6	6.3	4.9
14 号学生	3.8	7.1	5.6

与之相比，考场 B 的学生三个学年的分数也很低，但至少说明他们凭的是实力：4.2 分、5.1 分和 6.0 分。整个考场 A 的学生在一年之间突然开了窍，第二年却立即才智枯竭了。或者更有可

能的是，他们的六年级老师拿铅笔大显神通了。

关于考场 A 的学生，有两点值得注意，这两点同作弊本身并无太大关联：首先，他们学习成绩差，因此拉高他们的成绩效果最为明显；其次，这些学生（及其父母）在升入七年级后，会遭受巨大的打击。他们以为自己能升学是因为成绩达标了，因为在分数上动手脚的并非他们本人。他们大概满怀憧憬，以为自己能在七年级表现优异——然后便遭到了当头棒喝，这或许是高标准测验机制造成的最残酷的幻灭。作弊的教师或许会自欺欺人地认为自己是在帮学生，但事实是，他看起来对帮自己更加上心。

对芝加哥所有数据进行分析后发现，有证据表明平均每年有 200 多个考场的教师存在作弊行为，即总数的 5%。这只是保守估计，因为该算法只能识别出情形最恶劣的作弊行为——教师蓄意修改学生答案——而无法查出很多更加隐蔽的教师作弊行为。在近日一项针对北卡罗来纳州教师的调查中，约有 35% 的受访者称曾目击同事有某种作弊行为，包括延长考试时间、暗示正确答案或亲手修改学生答案。

作弊教师有何特征？芝加哥的数据表明，男女教师的作弊比例相等。作弊教师通常年龄较轻，资历较浅，在动机发生变化之后，作弊比例也随之攀升。由于芝加哥的数据为 1993—2000 年的数据，其中涵盖了引入高水平测验的 1996 年。果不其然，1996 年的作弊比例陡然升高。作弊现象也不是随机发生的，班级成绩倒数的教师最有可能作弊。另外，值得一提的是，为加利福尼亚州教师设立的25 000美元奖金最终被撤销，原因之一就是有人怀疑很大一部分奖金落到了作弊教师的手上。

芝加哥作弊行为分析得出的结果并非都如此令人心寒，因为除了查出作弊者，这个算法还可以识别出该学区表现优异的教师。优秀教师带来的效果几乎同作弊教师露出的马脚一样显著，他们教出来的学生在试卷上答对的题目并不是随机的，而是此前在简单题部分丢分的现象有了长足改善，表明他们确实学到了知识，而且优秀教师教出来的学生能够在升学后延续优异表现。

多数此类学术分析都会被束之高阁，无人问津。但2002年初，芝加哥公立学校系统的执行总裁阿恩·邓肯却联系了研究者，他并不是想抗议或隐瞒他们的发现，而是想确认其算法识别的作弊教师确有作弊情形，然后有所行动。

邓肯的履历并不适合这样一个位高权重的职位，接受任命时，他年仅36岁，曾入选过哈佛大学的全美明星队，后曾在澳大利亚闯荡过职业篮球联赛。上任执行总裁之前，他在芝加哥公立学校系统的工作经验只有短短3年，且职位级别均较低，连秘书都没有。邓肯在芝加哥长大，这一点有利无弊，他的父亲在芝加哥大学教授心理学，母亲则在某贫困社区无偿开办了40年的课外项目。邓肯年幼时，放学后的玩伴就是母亲照料的贫困儿童，因此接管公立学校系统后，他考虑得更多的是学生及其家庭的福祉，而非教师和教师工会。

邓肯认为，开除作弊教师的最佳方式，是重新组织一场标准化考试。然而，他手上的财力有限，只能组织120个考场进行重考。因此，他请求作弊识别算法的发明者协助他筛选需要重考的考场。

如何让这120个考场的重考物尽其用？只让教师有作弊嫌疑的考场进行重考，这似乎是合乎情理的做法。但这样的话，即便重考分数有所下降，教师也可以谎称，学生表现退步仅仅是因为他们事先得知重考分数不会记入正式档案——参加重考的所有考生确实会被提前告知这一点。为了使重考结果令人信服，一些未作弊的考场需要作为对照组参加重考。最合适的对照组是根据算法拥有最优秀教师的考场，这些考场的学生凭借真才实学拿到了高分。假如这些考场再次拿了高分，而有作弊嫌疑的考场成绩却一落千丈，作弊教师说学生表现退步是因为成绩不作数的说法就站不住脚了。

不同组别的重考考场就这样敲定了。120个重考考场中有一半以上的教师有作弊嫌疑，其余考场有的据推测是教师能力出众（拿到了高分且答卷无可疑之处），有的则是补充对照组，即成绩平平且答卷无可疑之处的考场。

重考在初考几周后举行，重考原因并未向考生透露，教师也不知情。但宣布监考人员为芝加哥公立学校系统官员而非教师本人时，他们或许已经心里有数了。教师须同学生一起留在考场，但不得接触考卷。

结果和作弊识别算法做出的预测一样。选入对照组、无作弊嫌疑的考场，成绩与初考不相上下，甚至有所上升。而相比之下，被认定有作弊情形的教师，其学生成绩一落千丈，平均分低于五年级水平。

结果，芝加哥公立学校系统开始解雇作弊的教师。只有十几名教师作弊证据确凿，遭到了开除，另有多名作弊教师收到了相应的警告。这项芝加哥研究的最终结果进一步证明了动机的力量：第二年，教师作弊比例下降了 30% 以上。

你或许会以为年级越高，教师的作弊手段越高明，但佐治亚大学 2001 年秋的一场考试推翻了这种说法。课程名称为篮球训练原则及策略，期末成绩则由单场考试的分数确定。考试共 20 道题目，其中包括：

> 一场大学篮球赛分几节进行？
>
> a. 1　b. 2　c. 3　d. 4
>
> 篮球比赛中，投中三分球可得几分？
>
> a. 1　b. 2　c. 3　d. 4
>
> 佐治亚州所有高中毕业班学生必须参加的测试名称是什么？

a. 视力测试

b. 面粉味道测试

c. 昆虫治理测试

d. 佐治亚州中学毕业测试

在你看来，谁是美国最优秀的甲组[①]助教?

a. 罗恩·吉尔萨

b. 约翰·佩尔弗雷

c. 小吉姆·哈里克

d. 史蒂夫·沃伊切乔夫斯基

如果你被最后一题难住了，一条提示或许能让你豁然开朗：这门篮球训练原则及策略课程就是小吉姆·哈里克教的，他同时还是该大学篮球队的助教。另一条或许有用的内幕是，老吉姆·哈里克就是该篮球队的主教练。篮球训练原则及策略成了哈里克父子手下弟子最追捧的一门课，选这门课的学生都拿到了 A，这一点儿也没什么好奇怪的。其后不久，哈里克父子便被双双解除了教练职务。

---

① 甲组，在此意为全美大学体育协会（NCAA）篮球甲组。参加 NCAA 的学校，根据运动队的规模和水平，可分为三个组别，即甲、乙、丙组（Division I, II and III）。——译者注

如果你觉得芝加哥中小学教师和佐治亚大学教授的舞弊行为已经是颜面扫地的事了——教师的天职是传道授业解惑，那么相扑力士的作弊行为想必也会对你造成深深的困扰。

在日本，相扑不仅是国技，更是该国宗教、军国和历史情结的寄托。相扑包含驱魔仪式，且是源于皇族的运动，其神圣地位远非美国的体育项目所能比拟。实际上，相扑被称为荣誉重于胜负的运动。

诚然，体育比赛与作弊如影随形，这是因为，相较于模棱两可的动机，得失界线清晰（如胜负之差）的动机所诱发的作弊行为更加常见，如奥运会短跑和举重选手、环法自行车选手、橄榄球线卫及棒球强击手。有证据表明，只要能在比赛中占据上风，他们愿意服用任何药片或药粉。不仅仅是参赛者有作弊行径，也有偷奸耍滑的棒球主教练企图偷取对手的暗号[①]。在2002年冬奥会的花样滑冰比赛中，一名法国裁判和一名俄罗斯裁判被发现串谋进行选票交易，以确保各自国家的选手能登上领奖台。（而根据指控，这起选票交易的幕后黑手为俄罗斯黑手党头目阿里姆坚·托克塔霍诺夫，他同时还涉嫌操纵莫斯科选美比赛。）

运动员一旦被抓到有作弊行径，常常会成为众矢之的，但

① 棒球比赛中的暗号，指接球手为向投球手暗示投球方向而做出的手势。对方击球手由于背对接球手，而无法看到其手势，因此每队的暗号每场比赛都会有所更改，以防被对手看破。——译者注

球迷多数会认为，至少其动机是情有可原的：获胜心切，才会去钻规则的空子。正如棒球运动员马克·格雷斯所言：“没有作弊，就意味着没有努力。”相比之下，通过作弊故意输掉比赛的运动员则会被打入体育圈的十八层地狱。在1919年的世界大赛上，芝加哥白袜队与赌球分子串谋打假球，并因此至今仍被讽刺为“黑袜队”。即便是在看球只为消遣的棒球球迷中间，白袜队也成了遗臭万年的球队。拥有冠军头衔的纽约市立学院篮球队，曾因机智聪明、富于攻击性的打法而备受爱戴，却因1951年有几名球员被曝出收受黑道贿赂进行诈分——故意投偏以帮助赌球分子赢得盘口——而立刻被骂声淹没。还记得《码头风云》中马龙·白兰度扮演的那位郁郁寡欢的退役拳击手特里·马洛伊吗？在马洛伊看来，他的所有麻烦都根源于他假摔的那场比赛。假如没有那场比赛，他完全可以成为有头有脸的人物，有望争夺冠军。

如果说，故意输掉比赛是体育界的头号大忌，而相扑又是日本的第一运动，那么相扑运动中绝不可能存在故意输掉比赛的现象，对吧？

数据再次点出了其中的蹊跷。与芝加哥学校测验相同的是，可供参考的数据异常庞大：1989年1月至2000年1月日本顶尖相扑力士之间几乎每场正式比赛的赛果，总计281名力士，32 000场比赛。

左右相扑比赛的利益机制错综复杂，内幕惊人。每名相扑力士都有排名，而排名影响着其生活的方方面面：收入水平、随从数量、一日三餐、睡眠时间等大小事务。日本排名最高的 66 名力士组成幕内和十两两个组别，他们是相扑界的上层集团。位于这一上层集团金字塔顶端的相扑力士年入数百万美元，享受王公贵族般的待遇；排名前 40 的力士年收入在 170 000 美元以上。相比之下，在日本排名第 70 的力士年收入则只有区区 15 000 美元。上层集团外的力士生活并不光鲜，排名较低的力士必须服侍高排名力士，为他们准备饮食、打扫寝室，甚至擦洗本人够不到的身体部位。因此，排名决定一切。

相扑力士的排名是按照相扑大会中的成绩计算的，相扑大会每年举行六届。每届大会，每名力士须参加 15 场比赛，连续 15 天，每天 1 场。如果大会结束后胜多负少（8 次胜利以上），该力士的排名便会上升；如果负多胜少，排名则会下降。排名下滑到一定程度，该力士就会完全退出上层集团。因此，第 8 场胜利至关重要，决定着排名的升降，其对排名的重要性约为普通比赛的 4 倍。

因此，到大会收官日，最后一场比赛对于此前记录为 7 胜 7 负的力士来说至关重要，但对于 8 胜 6 负的力士，却成了鸡肋。

那么，8 胜 6 负的力士是否有可能放水输给 7 胜 7 负的力士？相扑比赛是综合力量、速度和平衡感的瞬间角力，常常几秒之间就能决出胜负，故意被放倒并非难事。我们姑且假设，相扑比赛确实被操纵了，那么如何对数据进行测量进而加以验证呢?

第一步是筛选出有嫌疑的比赛：在比赛收官日，名次岌岌可危的力士对阵已经拿下第 8 场胜利的力士。（大赛落幕后，通常有半数以上的力士胜率为 7 场、8 场或 9 场，因此有数百场比赛符合条件。）在比赛收官日两位 7 胜 7 负的力士之间的对决不太可能被操纵，因为双方的求胜心同样强烈。已经豪取 10 场以上胜利的力士想必也不可能将比赛拱手相让，因为他们也有强烈的动机去力求一场胜利：大赛总冠军的 100 000 美元奖金以及为“技能奖”“敢斗奖”等分项设立的 20 000 美元奖金。

现在以下面的数据为例，该数据涵盖了比赛收官日由 7 胜 7 负的力士与 8 胜 6 负的力士对决的数百场比赛。图 1–1 左栏列出了 7 胜 7 负力士的预测胜率，该胜率根据当日两名对决力士的过往交锋历史计算得出，右栏则是 7 胜 7 负力士的实际胜率。

7 胜 7 负力士对 8 胜 6 负力士的预测胜率	7 胜 7 负力士对 8 胜 6 负力士的实际胜率
48.7%	79.6%

图 1–1　7 胜 7 负力士对 8 胜 6 负力士的预测胜率及实际胜率

因此，根据交锋记录，7 胜 7 负力士的预测胜率不到 50%。这有一定道理，他们在当届大赛中的胜负记录确实说明 8 胜 6 负的力士实力略胜一筹。但实际上，名次岌岌可危的力士对阵 8 胜 6 负的力士，胜率接近 80%。他们对阵 9 胜 5 负的力士，表现也异常神勇：

7 胜 7 负力士对 9 胜 5 负力士的预测胜率	7 胜 7 负力士对 9 胜 5 负力士的实际胜率
47.2%	73.4%

图 1–2　7 胜 7 负力士对 9 胜 5 负力士的预测胜率及实际胜率

虽然看起来疑点颇多，但仅仅是胜率过高并不足以证明比赛被操纵了，既然第 8 场胜利对一名力士来说关系重大，那他确实应该在这样一场关键战中展现出更加高昂的斗志。不过，数据中或许还有一些蛛丝马迹能证明双方确有串谋操纵比赛的行为。

让一名力士故意输掉比赛的诱因，值得探究一番：或许是拿人钱财，替人消灾（这显然不会被记录在案）；或许双方力士另有约定。请注意，顶尖相扑力士这一群体，组织异常严密：66 名顶尖力士均须每隔两个月参加一次相扑大会，与 15 名对手一较高低。此外，每名力士均隶属于某一个部屋①，部屋通常由前相扑冠军掌管。因此，即便是互为对手的部屋，它们之间也存在密切的

① 部屋，日本培训相扑力士的组织，类似一些武术流派的道场。日文中，“部屋”指的是房间，每个相扑力士都要归属一个相扑部屋，否则不能正式出场比赛。相扑力士在相扑部屋中过团体生活并接受训练。——译者注

关系。(同一部屋的力士不会相互对阵。)

现在让我们来看看 7 胜 7 负的力士与 8 胜 6 负的力士在其后一次对阵中的胜负比率。在这一次对阵中，双方均无排名下降之忧，在此情况下，比赛双方理应压力不大。因此，你或许以为，在此前比赛中 7 胜 7 负的力士对阵同一对手的胜率应恢复到双方此前交锋时的水平，即大致势均力敌，你想必不会以为他们能保持 80% 的胜率。

实际结果是，数据表明，7 胜 7 负的力士在二次交锋中的胜率仅为 40%。前一场比赛的胜率高达 80%，下一场就跌到了 40%？这要如何理解?

最合情合理的解释是，双方力士达成了以赛偿赛的约定：在我急需胜利的时候，你送个人情给我，下次我会还你。(此类约定并不能排除现金贿赂的存在。)尤其有意思的一点是，双方力士第三次交手时，会再次恢复到势均力敌的正常情况，表明其串谋只涉及两场比赛。

记录可疑的不仅仅是相扑力士个人，各个相扑部屋的总记录也存在类似的异常现象。如果某个部屋的力士在事关排名的比赛中，赢了另一部屋的力士，他们再次在比赛中碰到该部屋力士处于同样处境时，表现会尤其失常。这表明，在代表相扑最高水平的赛场上，某些比赛可能遭到了合谋操纵——类似奥运会花样滑冰裁判的选票交易。

迄今为止，尚无日本相扑力士因操纵比赛而遭到纪律处分，日本相扑协会官员驳回了所有此类指控，斥之为满腹怨气的退役力士捏造出来的无稽之谈。实际上，只要是将“相扑”和“操纵”放在一个句子里说出口，就会造成日本举国震怒。质疑一项国技的名声，常常会激起民众的抵触情绪。

尽管如此，在日本，指责操纵比赛之声仍然会偶尔见诸报端。不时掀起的舆论风波为我们提供了另一种渠道，去估量相扑可能存在的腐败现象。毕竟，媒体监督催生了一种十分强大的约束力：假如两名相扑力士或其部屋一直存在操纵比赛的情形，面对蜂拥而上的记者和电视镜头，他们可能会在继续这种勾当的时候有所忌惮。

那么这种情况会造成什么变化呢？数据显示，一旦有操纵比赛的指控出现，在相扑大会收官日，7 胜 7 负的力士对阵 8 胜 6 负的力士，胜率仅为 50%，而非这种情况下通常会出现的 80%。无论如何，对数据进行取样，结果最终都难免指出一点：很难说相扑比赛没有被操纵。

几年前，两名退役力士挺身而出，指控比赛存在大量的操控行为。他们还指出，除了串通比赛，相扑界还充斥着服用违禁药物、滥交、贿赂、偷税漏税等丑行，同日本黑帮势力也有着千丝万缕的联系。二人随后开始接到恐吓电话，其中一人曾向友人透露，他担心自己会被黑帮灭口。尽管如此，他们仍然打算继续按计划在东京的外国记者俱乐部召开新闻发布会。但发布会召开前不久，二人在同一家医院死于类似的呼吸道疾病——死亡时间仅相隔数小时。警方宣布二人之死没有他杀嫌疑，并未展开调查。

“二人在同一天死于同一家医院，这看起来确实很蹊跷，”相扑杂志编辑三宅充称，“但并没有人目击到有人投毒，因此该种揣测无从证实。”

无论二人是否死于谋杀，他们都做到了相扑业内此前从未有人做到的事：指名道姓。在上文所援引数据涉及的281名力士中，他们指认了29名力士有串通行为，有11名是清白的。

若将检举人提供的证据纳入比赛数据分析中，会得出什么结论？在双方力士均涉嫌腐败的比赛中，排名岌岌可危的力士获胜概率约为80%。而与之相对，在事关排名升降的比赛中，如果对手是据称清白的力士，排名岌岌可危的力士胜率则不会超过双方以往的交锋记录。此外，如果涉嫌腐败的力士对阵未遭检举人指认的力士，结果同两名腐败力士之间的赛果一样呈一边倒的态势——这表明，多数未遭指认的力士也存在腐败行为。

那么，如果说相扑力士、学校教师和托儿所幼儿的家长都存在作弊行为，我们是否可以假设腐败是人类的普遍天性？果真如此，人类究竟有多腐败？

答案或许就在百吉饼中，以保罗·费尔德曼的故事为例。

费尔德曼曾是个有着鸿鹄之志的人，由于早年接受过农业经济学方面的教育，他曾立志解决全世界的饥饿问题。但事与愿违，他最终在华盛顿找到一份为美国海军分析武器开支的工作，彼时是 1962 年。在其后 20 多年里，他一直在华盛顿从事分析工作。他职位很高，收入颇丰，但他得到认可却不是因为其兢兢业业地工作。在办公室的圣诞派对上，同事在向妻子介绍他时，对他的称呼不是“公共研究组组长”（这确实是他当时的职位），而是“带百吉饼来的人”。

送百吉饼最初只是偶一为之的奖励措施，是员工签下研究合同就会得到的犒赏。然后，这成了他的习惯，每周五他都会带百吉饼、一把锯齿刀和奶油乳酪到单位。上下楼的同事听说了百吉饼的事后，也纷纷表示想要。到最后，他每周要带上 15 打百吉饼。为收回成本，他摆了一个投币篮，贴了一张价签。结果，其成本回收率约为 95%，他认为，没给钱的人是因为一时疏忽，而非有意占他便宜。

1984 年，他就职的研究机构经历了管理层更迭，费尔德曼对未来做了一番斟酌之后，觉得前景堪忧，他决定辞职卖百吉饼。他的经济学家朋友觉得他丧失了理智，但他的妻子却支持他。毕竟，他们最年幼的第三个孩子即将大学毕业，而且房贷也供完了。

他开车绕遍华盛顿的办公园区，用极简单的推销手段开发客户：每天一早，他会将百吉饼和一个投币篮放在各家公司的餐室，然后中午再回来收走钱和剩余的百吉饼。这是一种全凭自觉的生意方式，而且确实行得通，仅仅几年，费尔德曼的周送货量就达到了 8 400 块百吉饼，业务涵盖 140 家公司，收入恢复到了他做研究分析员时的水平。他摆脱了方寸隔间的拘束生活，可以活得逍遥自在了。

他同时还在无意之中设计了一场巧妙的经济学实验，费尔德曼从一开始就在一丝不苟地记录百吉饼生意的数据。因此，通过对比回收所得与百吉饼缺失数量，他发现他可以衡量客户的诚信度，且精确到分。他们是否占了他的便宜？如果存在此种行为，和占便宜的公司相比，不占便宜的公司有何特点？什么情况会助长人们小偷小摸的行为？什么又会减少此类行为？

费尔德曼这次并非有意为之的研究恰好让我们得以窥见一种欺诈形式的奥秘，这种欺诈形式一直是学术界难以攻克的难题：白领犯罪[①]。（没错，尽管只是一点蝇头小利，从百吉饼老板身上占便宜仍然属于白领犯罪。）通过一名百吉饼生意人的经历探究白领犯罪这种关系重大却又无从解决的问题，听起来似乎是小题大做，但渺小而简单的问题常常是攻克重大难题的突破口。

尽管安然公司这样的流氓企业成了举世瞩目的话题，学术界

① 白领犯罪，指白领人员所实施的犯罪，又称绅士犯罪、斯文犯罪。它是美国犯罪学家萨瑟兰在其 1939 年出版的《白领犯罪》一书中首先提出的概念。白领犯罪者大多拥有较高的社会和经济地位，通常利用职务进行犯罪，如买空卖空、假报资产负债表、操纵股票市场、贪污、诈骗、诈取、受贿、偷漏个人所得税、出卖经济情报等。——译者注

对白领犯罪的案例却知之甚少，原因何在？因为缺乏有效数据。白领犯罪的关键点是，白领犯罪者何其多，我们听说的骗局被拆穿的案例只是沧海一粟。多数侵占公款之徒不为人所知，事实上仍然过着逍遥自在的生活，因为盗用公司财产的员工很少被发现。

与之相反，街头犯罪却非如此，因为无论罪犯是否归案，行凶抢劫、入室盗窃、谋杀通常都会被记录在案，且街头犯罪有着明确的受害者，而受害者通常会向警方报案，数据随即生成，进而又会有犯罪学家、社会学家和经济学家据此发表不计其数的学术论文。但白领犯罪并无明显的受害者，比如安然公司管理层究竟盗窃了谁的财产？既然不知道犯罪对象、案发率或损失程度，罪行又如何衡量呢？

然而，保罗·费尔德曼的百吉饼生意则不同，因为整件事确有一名受害者，就是他自己。

刚开展这门生意的时候，根据他在自己办公室的经验，他期待的付款率为95%。但正如有警车停靠的街区犯罪率偏低，95%的预期付款率也属于虚高：在原办公室，费尔德曼本人在场，起到了制止偷窃的作用。不仅如此，这些百吉饼食客均认识老板其人，也和他有（理应不错的）交情。大量的心理学及经济学研究表明，对同一种商品，若出售者不同，人们愿意支付的价格也有所差异。经济学家理查德·塞勒在其1985年的研究《沙滩上的啤酒》中证明，同样一瓶啤酒，若是在度假酒店内出售，口渴的日光浴游客愿意支付 2.65 美元，而若是在一家破破烂烂的杂货店出售，他们只愿意支付 1.50 美元。

面对现实情况，费尔德曼勉强接受了不到 95% 的付款率。他逐渐总结出，付款率只要超过 90%，就算是“诚实守信”的公司了；80%~90% 的付款率“可气但还过得去”；如果一家公司的付款率长期低于 80%，费尔德曼则会张贴一张警告标语，如：

> 今年以来，百吉饼成本大幅上涨。遗憾的是，也有越来越多的百吉饼无故消失却无人付款。切勿继续此种行为，我猜想，你不会教自己的孩子行偷窃之事，那为何自己却明知故犯呢?

最初，费尔德曼留下一个无盖的篮子用来收钱，但钱却经常不翼而飞，然后他换成了一个塑料盖上嵌有投币孔的咖啡罐，但事实证明，这也容易让人心生非分之想。最终，他不得不自制顶部有切口的夹板箱。木箱效果很好，他每年送 7 000 次钱箱到各个公司，平均只被偷过一次。这是一个很耐人寻味的数据：同一群人，每天偷走他 10% 的百吉饼，却几乎从未堕落到偷钱箱的地步——这恰好体现出社会对偷窃这一行为有着种种不尽相同的认识。从费尔德曼的立场来看，一名办公室职员不付钱白吃他的百吉饼，就是犯罪，但这名职员大概不这么看。诚然，此种行为涉及的钱款数目很小（费尔德曼的百吉饼每个售价 1 美元，奶油乳酪也包含在内），但差别的根源或许并不在此，而是在于“犯罪”的情景。这名吃百吉饼却不付钱的办公室职员，在自助餐厅大吃大喝的时候或许也会猛灌苏打水，却不见得会吃霸王餐。

那么百吉饼的数据究竟说明了什么？近几年，总体付款率经历了两次值得注意的变化。从 1992 年起，总体付款率出现了长期而缓慢的下降。至 2001 年夏，总体付款率已经下滑到了 87% 左右。但当年的“9 · 11”事件发生之后，付款率立即上涨了整整 2%，且此后再未出现明显回落。（假如付款率上涨 2% 听起来不算多，那换个角度想：未付率从 13% 下降到了 11%，即偷窃数量下滑了 15%。）由于费尔德曼的不少客户均在国安部门工作，这种“9 · 11”效应或许有些许爱国主义色彩，这也有可能表明公众的同情心有了普遍提高。

数据还显示，小办公室比大办公室更守信用。只有几十名员工的办公室付款率要比几百人的办公室高出 3%~5%，这似乎有违常识。在大办公室，百吉饼桌旁理应常有许多人在场，众目睽睽之下，你不得不投币进钱箱。但大小办公室的对比说明，百吉饼盗窃与街头犯罪类似。农村地区的人均街头犯罪率远低于城市，主要原因是农村地区的罪犯被发现（进而被抓获）的概率更高。此外，在规模较小的社群，预防犯罪的社会因素更加强大，其中一大因素就是羞耻心。

百吉饼的数据还反映出个人情绪对守信程度的影响。例如，天气就是一大影响因素：反常的好天气能提高人们的付款率；而与之相对，遇到反常的寒冷天气，则会出现大量未付款的现象。暴雨或强风天气也有同样的影响，影响最恶劣的是节假日：在圣诞周，付款率会下降2%，即偷窃数量上升15%，这与“9·11”造成的影响程度相同，但效果相反；感恩节半斤八两；情人节当周也非常糟糕；4月15日[①]所在周也不外乎如是。但也有好的节日：7月4日、劳动节和哥伦布纪念日所在周[②]。两类节日差别何在？欺诈率较低的节日仅仅是放假一天而已，别无他意，而欺诈率较高的节日则充满了各种各样的烦心事和来自亲人的种种期许。

关于守信，费尔德曼有他自己的看法，这些看法多是从生活经验总结而来，而非数据。他逐渐相信，工作士气是一大因素——如员工爱戴自己的老板、热爱本职工作，这样的办公室更加守信。他同时还相信，在公司内地位较高的员工欺诈率要高于底层员工。他多年来一直在为一家办公室占用了三层楼的公司送百吉饼，从中得出了这一观点——该公司顶层为主管办公室，较低的两层为销售、

---

① 4月15日是美国个人所得税申报截止日。——译者注

② 7月4日为美国国庆日；美国劳动节为每年9月的第一个星期一；哥伦布纪念日为每年10月12日或10月的第二个星期一，以纪念哥伦布1492年首次登上美国大陆。——译者注

服务和行政员工的办公室。费尔德曼猜测，这些主管有欺诈行为是因为特权思想膨胀。他没有考虑到的因素是，欺诈或许原本就是他们坐上主管之位的手段。

如果说道德代表在人类心目中这个世界应该如何运转，而经济学代表其实际的运转方式，那么费尔德曼的百吉饼生意则恰好处于二者相交的范畴。没错，很多人占他的便宜，但绝大多数人，即便是无人在场的情况下，也没有越界。这一结果或许出乎某些人的意料，包括费尔德曼的经济学家朋友，他们在 20 年前劝阻他，说他这种全凭自觉的生意方式完全行不通，但这却没有出乎亚当 · 斯密的意料。实际上，亚当 · 斯密的著作《道德情操论》的主旨就是人类生性诚实。

“无论人类被描写得有多么自私，”亚当 · 斯密写道，“其本性之中显然有某些原则，令其关注他人的命运，让他人的幸福成为对其来说不可缺少的东西，尽管除了眼见此种情景所获得的满足，他从中一无所得。”

费尔德曼有时会向自己的经济学家朋友讲述《盖吉斯之戒》的故事，故事出自柏拉图的《理想国》：

在苏格拉底的一堂课上，一位名叫格劳孔的学生讲述了这个故事。苏格拉底同亚当 · 斯密一样，认为即使没有外力强制，人类一般而言也是生性善良的。格劳孔则同费尔德曼的经济学家朋友一样，不以为然，他讲述道，一位名叫盖吉斯的牧羊人偶然间在一处隐蔽的山洞里发现了一具尸体，尸体上戴着一枚戒指，盖吉斯将戒指戴在自己手上后，发现戒指令他隐身了。在无人监控其所作所为的情况下，盖吉斯干尽了坏事，引诱王后、弑杀国王等等。

格劳孔的故事提出了一个道德问题：如明知自己的所作所为无人目睹，会有人能抵制住诱惑，不去作恶吗？格劳孔似乎认为答案是否定的，但保罗·费尔德曼则和苏格拉底、亚当·斯密同属一个阵营，因为他知道，至少在87%的情况下，答案是肯定的。

第二章

为何三K党和房地产中介是一路货色？

三 K 党的历史可谓起伏跌宕。

美国南北战争结束后不久，6 名退伍的联邦老兵在田纳西州普拉斯基创立了三 K 党。这 6 名年轻人中，有 4 人是刚出道的律师，他们当时仅仅是相互视为志同道合的朋友。因此，他们所选择的名称“kuklux”，由希腊语“kuklos”（圆圈）稍加变化而来，意为“圈子”。

据传，他们最初的活动只是一些无伤大雅的深夜恶作剧——如身披白色床单、头戴枕套改成的头罩，骑马穿过乡村。但不久之后，三 K 党便发展成了州际恐怖组织，其宗旨就是恐吓和残杀获得自由的奴隶。三 K 党的地区领袖中有 5 名退伍的联邦军队将军，其最坚定的拥护者则是种植园主群体，因为对他们来说，战后重建是经济和政治上的双重噩梦。

1872 年，尤利西斯 · S. 格兰特总统向众议院解释了三 K 党的真实意图："依靠武力和恐吓，阻止一切与其政见不合的政治行动，剥夺有色公民携带武器的权利和自由投票权，打击接收有色儿童的学校，并让有色人种沦落到与被奴役无异的境地。"

早期三 K 党所采用的手段包括散发宣传册、私用绞刑、枪杀、纵火、宫刑、枪柄袭击等上千种恐吓方式，袭击目标为获得自由的奴隶及所有支持黑人获得投票权、购买土地权或受教育权的人士。但在不到 10 年的时间里，三 K 党便被一网打尽，这主要归功于华盛顿方面的立法及出军干预。

虽然三 K 党遭到了挫败，但《吉姆 · 克劳法》的颁布却助其实现了大部分目标。国会在战后重建时期雷厉风行地制定措施，保障黑人的法律、社会和经济自由，此时却又忙不迭地一一收回。联邦政府同意撤回南方驻军，允许恢复白人统治。在普莱西诉弗格森案[①]中，美国最高法院批准了种族隔离制度的全面推行。

三 K 党沉寂了一段时间，直到 1915 年才再度抬头。当年，D. W. 格里菲斯的电影《一个国家的诞生》成了其东山再起的导火索。格里菲斯将三 K 党描述为捍卫白人文明的斗士和美国历史上

① 普莱西诉弗格森案，简称"普莱西案"，是美国历史上一个标志性案件，对此案的裁决标志着"隔离但平等"原则的确立。案件起源是，1892 年，混血黑人普莱西故意登上一辆专为白人服务的列车，因而遭到逮捕，普莱西随后将路易斯安那州政府告上法庭。案件最终上诉到了美国最高法院，但最高法院以"隔离但平等"并不意味着对黑人的歧视为由，判普莱西败诉。——译者注

最崇高的力量之一，电影引用了某知名历史学家的著作《美国人史》中的一句名言："为保护美国南方，伟大的三 K 党，一个名副其实的南方帝国，终于诞生了。"这位历史学家就是美国前总统伍德罗 · 威尔逊。他是学者出身，还担任过普林斯顿大学校长。

至 20 世纪 20 年代，死灰复燃的三 K 党已经拥有了 800 万名门徒。这一次，其势力不再仅限于南方，而是遍及全国。这一次，其所打击的对象也不仅限于黑人，还包括天主教徒、犹太人、共产主义者、工会成员、移民、煽动分子等破坏现有秩序的人。1933 年，希特勒在德国上台，威尔 · 罗杰斯 [①] 率先点出了新三 K 党与威胁欧洲的这股新势力之间的联系："报纸上都说希特勒是在效仿墨索里尼，依我看，他效仿的倒是三 K 党。"

二战的爆发和连番爆出的内部丑闻再次让三 K 党元气大伤。舆论倒戈，一致反对三 K 党，因为战火让美国举国上下团结一心，三 K 党的分裂主义论调旋即失势。

但仅仅几年后，便出现了三 K 党卷土重来的迹象。随着战事结束，战后的动荡年代来临，三 K 党的队伍骤然壮大。对日作战胜利日过去还不到两个月，三 K 党便在亚特兰大石头山上，在罗伯特 · E. 李 [②] 的著名石像前，燃烧了一个高达 300 英尺的十字架。

① 威尔 · 罗杰斯，美国 20 世纪二三十年代红极一时的喜剧演员。——译者注

② 罗伯特 · E. 李，美国南北战争时期联邦军队的著名将领，三 K 党成员。他曾是三 K 党首任党魁的最佳候选人，但因个人健康和政治立场原因拒绝了这一职位。——译者注

一名三K党成员事后声称，这次燃烧十字架的出格行为意在“告诉黑鬼，战争已经结束，三K党要重整旗鼓了”。

亚特兰大此时已经成了三K党的大本营。据说，三K党控制了佐治亚州政坛的关键人物，不少警员和治安官副手都是其佐治亚州分部的党羽。没错，三K党是秘密帮会，喜用密令暗号和间谍手段，但其真正的力量却来自其在民众中间悉心营造的恐慌情绪。而三K党同执法机构狼狈为奸的这种公开的秘密则是这一点的佐证。

亚特兰大——用三K党的黑话来说，就是三K党隐形帝国的皇城——同时也是斯特森·肯尼迪的家乡。肯尼迪时年30岁，同一名三K党成员有亲缘关系，但禀性却与之背道而驰。他出身于南方家庭，家世不错，据说祖上出了两名《独立宣言》的签署者、一名联邦军队军官和美国著名的制帽公司STETSON创始人约翰·B. 斯特森。

斯特森·肯尼迪成长于佛罗里达州杰克逊维尔市一座14室的豪宅，父母育有五个子女，他年纪最小。他的叔父布雷迪是三K党成员，但肯尼迪最终却成了自封的“自由异议分子”，写了不计其数的文章和数部著作，抨击种族偏见。他最初以民俗学者的身份，周游佛罗里达州，收集本地传说和歌谣。几年后，他就职于美国最大的黑人报纸《匹兹堡信使报》，成了该报少数几名白人记者之一，并以门什老爹——黑人民间故事中的一位英雄人物，传说比治安官猎枪的枪子儿跑得还快——为笔名写作。

激励肯尼迪笔耕不辍的，是他对思维狭隘、蒙昧无知、蓄意阻挠和恐吓威胁的仇恨。在他看来，三 K 党以得意的姿态将这些特点揽于一身，没有哪个组织可与之相比。肯尼迪认为，三 K 党是白人当权派的恐怖主义分支，他发现这是一个难以解决的痼疾，原因多种多样。三 K 党与政界、商界和执法部门领袖狼狈为奸，民众谈虎色变，无力对抗三 K 党。当时存在的少数几个反种族仇视组织缺乏影响力，甚至对三 K 党所知甚少。

“几乎所有针对这一话题的文章都是述评，鲜有爆料文章，”肯尼迪后来解释道，“作者反对三 K 党，这没错，但他们对三 K 党的内情却所知甚少。”

于是肯尼迪开始搜集情报，在长达数年的时间里，他采访三 K 党头目和拥趸，有时会利用自己的家世和血统，谎称自己和他们同属一个阵营，他还参加过三 K 党的公共活动。他事后曾写道，他甚至打算打入三 K 党亚特兰大支部的内部。

肯尼迪将勇闯三 K 党内部的经历写成了回忆录《揭秘三 K 党》。这部书实际上是一部有戏说成分的小说，而非平铺直叙的纪实作品。骨子里仍有着民俗学者情怀的肯尼迪显然想以最跌宕起伏的方式将这个故事展现出来，因此书中不仅有他自己对抗三 K 党的活动，也有另一人的经历，此人化名为约翰 · 布朗。布朗是一名工会工人，曾在三 K 党内担任过头目，但后来洗心革面，主动提出打入三 K 党内部。《揭秘三 K 党》所呈现的最刺激惊险的情节中，有不少显然都是约翰 · 布朗的亲身经历——亲自参加三 K 党在亚特兰大的会议及其他重大集会，但由于该书最终出自斯特森 · 肯尼迪之手，他将布朗的事迹写到了自己名下。

无论如何，布朗与肯尼迪的联手合作贡献了大量情报。布朗揭发了他在三 K 党每周集会上的所见所闻：三 K 党地方和大区头目的身份、近期计划以及三 K 党的通用仪式、暗号和内部用语。例如，三 K 党习惯将许多单词的词头改为 Kl；三 K 党的秘密握手方式为左手相握，手腕下垂，像鱼儿一样左右摆动。假如外出旅行的三 K 党成员想在外乡结识同党，他会问起“阿亚克先生”（Ayak），即“你是三 K 党成员吗？”（Are You a Klansman?）的暗号。他所期望得到的回答是：“是的，我还知道阿凯先生（Mr. Akai）。”——“我是三 K 党成员”（A Klansman Am I）的暗号。

不久之后，约翰 · 布朗便被邀请加入 K 骑士团，即三 K 党的秘密警察和“鞭刑小分队”。对于卧底来说，他将面临一个两难的问题：如果被要求参加施暴行为，他该怎么办？

但实际上，在三 K 党及多数恐怖主义组织内生存的一个核心信条就是，多数武力威胁从来不会超出威胁这一步。

以绞刑为例，这是三 K 党的标志性暴力手段。表 2–1 为美国被私刑绞死的黑人数目，以 10 年为单位，统计者为塔斯克基学院。

表 2–1　美国被私刑致死的黑人数目

年份	被私刑绞死的黑人数目
1890—1899	1 111
1900—1909	791
1910—1919	569
1920—1929	281
1930—1939	119
1940—1949	31
1950—1959	6
1960—1969	3

请记住，这些数据所统计的不仅仅是死在三 K 党手下的人数，而是所有记录在案的被私刑绞死的总人数。这些数据揭示了至少三点值得注意的事实：其一，遭私刑绞死的人数在此期间出现了显著下降。其二，私处绞刑的数量与三 K 党成员规模之间毫无关联。实际上，1900—1909 年是三 K 党的沉寂时期，但在此期间遭私刑绞死的黑人数量却超过了三 K 党拥有数百万羽翼的 20 世纪 20 年代。这表明遭三 K 党私刑绞死的人数远低于人们的普遍印象。其三，相对于黑人人口总数，遭私刑绞死的人其实非常罕见。

诚然，即便只有一人遭此厄运也不可罔顾，但到 20 世纪初，与如今流传下来的民众回忆相左的是，私处绞刑早已不是司空见惯的现象了，20 年代只有 281 人遭私刑绞死。相比之下，来看看同时期死于营养不良、肺炎、痢疾等疾病的黑人婴儿数量：1920年，每100名黑人婴儿中，有13名夭折，即每年有20 000名黑人婴儿夭折——相比之下，每年只有28人遭私刑绞死；直到1940年，每年仍有10 000名黑人婴儿夭折。

这些有关私处绞刑的数据揭示了什么更为重大的真相？私处绞刑相对来说并不多见，且尽管三K党规模急剧扩张，私处绞刑的数量却在此期间陡然下降，这说明了什么？

最令人信服的解释是，早期的私处绞刑起到了杀鸡儆猴的作用。白人种族主义者——无论是否属于三K党——通过实际行动和巧言令色采取了一系列强有力、清晰无误、极具震慑作用的措施，如有黑人触犯公认的行为准则，无论是同公交司机顶嘴还是胆敢行使投票权，他必然知道自己很可能会遭到惩罚，甚至有性命之虞。

因此，或许到20世纪40年代中期，即斯特森·肯尼迪企图捣毁三K党的时候，三K党已经无须使用过多武力了，许多黑人常年被教导要安守二等公民的本分，否则后果自负，于是就选择了逆来顺受。即便是在庞大的族群内，一两起私处绞刑事件也可以起到培养安顺良民的巨大作用，因为人们面临强烈的刺激会做出强烈反应，出于对无端暴行的恐惧而安分守己，更是有着无可比拟的强大作用，这其实也是恐怖主义能大行其道的原因。

但如果说20世纪40年代的三K党并非暴戾无度，那这又到底是个什么样的组织？斯特森·肯尼迪笔下的三 K 党只是一群自怨自艾的男人构成的兄弟会组织，成员多胸无点墨、前途堪忧，目的不过是找个地方宣泄不满，偶尔找个借口夜不归宿。这样一个兄弟会组织会参加有宗教性质的唱诵、宣誓和高呼和撒那[①]的活动，且所有活动均为绝对机密，这为其平添了不少吸引力。

肯尼迪还发现，三 K 党还是一门狡猾的敛财生意，至少机构内的上层人员是可以坐收渔利的。三 K 党头目有着滚滚财源：数千名缴纳会费的普通成员、雇用三 K 党吓退工会或缴纳保护费的企业老板、募集巨额捐款的三 K 党集会，甚至还有偶一为之的军火走私和私酒贩运生意。此外，还有三 K 党死亡抚恤金协会这样的诈骗勾当，这些协会向三 K 党成员推销保险，且只接受现金和开具给“大龙头”[②]本人的支票。

尽管三 K 党并非人们普遍以为的那样残杀无辜，但它仍是一个相当暴力的组织，而且或许更糟糕的是，它图谋对政界形成更大的影响力。因此，肯尼迪要不择手段地捣毁三 K 党，刻不容缓。他听说三 K 党企图破坏工会集会的计划后，便把这条情报透露给了一个工会的朋友。他向佐治亚州司法部长助理输送有关三 K 党的情报，因为他是公认的三 K 党克星。研究过三 K 党的注册执照后，肯尼迪致信佐治亚州州长，陈述了应吊销其执照的理由：三

① 和撒那，赞美上帝时的欢呼之声。——译者注

② 大龙头，三 K 党的头目塞缪尔·格林。——译者注

K 党名义上是非营利、非政治机构，但肯尼迪有证据表明其目的明显包括营利和参政。

问题在于，肯尼迪的多数行动效果都不尽如人意。三 K 党根深蒂固，有着广泛的基础，肯尼迪自己也觉得是在以卵击石：即便他能设法摧毁亚特兰大的三 K 党势力，然而遍布全国的数百个支部仍会毫发无伤。

肯尼迪沮丧至极，但沮丧之余，他想出了新的对策。某日，他留意到一群小孩在玩某种间谍游戏，在游戏中，他们在互相对傻里傻气的暗号。这让他想起了三 K 党，他于是想，何不将三 K 党的暗号和其他所有机密信息交到全国各地的儿童及其父母手中？将所有机密信息公之于众，难道不是瓦解秘密协会的最佳方式吗？与其徒劳地对三 K 党进行外部攻坚，何不想方设法将约翰·布朗从三 K 党每周例会搜集的机密内幕全部公之于众？有布朗搜集到的内部情报和他本人调查得来的各路消息，肯尼迪掌握的三 K 党秘密之多，很可能连普通的三 K 党成员都望尘莫及。

于是，肯尼迪选择了彼时最具影响力的大众媒体——广播。他开始向记者德鲁·皮尔森提供有关三 K 党的情报，皮尔森的节目《华盛顿旋转木马》每日有数百万的成年听众。得到他情报的还有《超人历险》节目的制作人，每晚有数百万儿童收听该档节目。他向他们解释了阿亚克先生和阿凯先生，把三 K 党圣经中的过激段落交给他们过目。三 K 党的圣经叫作《K 兰经》。（肯尼迪永远也想不通，一个白人基督徒至上主义组织的圣经所取的名称为何要模仿伊斯兰教的经典。）他解释了所有三 K 党地区支部官员的称谓及其职责，这些称谓有 K 里发（副主席）、K 洛卡（讲师）、K 路德（牧师）、K 里格拉普（秘书）、K 拉比（司库）、K 拉德（售票员）、K 拉洛戈（内部警卫）、K 莱克斯特（外部警卫）、K 洛坎（五人组成的调查委员会）和 K 骑士团（K 骑士团头目被称为撕屁长官）。他详细解说了三 K 党从分部到全国的等级制度：高贵的独眼巨人及其十二恐怖护卫、伟大巨人及其十二狂怒护卫、大龙头及其九大九头蛇护卫、皇家巫师及其五大魔仆。约翰 · 布朗在三 K 党主要支部——佐治亚州亚特兰大市的内森 · 贝德福德 · 福里斯特[①]一号支部——卧底期间搜集到的情报和流言，均被肯尼迪传了出去。

战争期间，《超人历险》节目讲述了主人公战胜希特勒、墨索里尼和裕仁天皇的故事。但此时，这个节目需要新的反派出现，三 K 党恰好是个完美的打击对象，《超人历险》于是将矛头对准了他们。德鲁 · 皮尔森曾公开宣称自己对三 K 党恨之入骨，此时则开始在广播节目里定期播报有关三 K 党的新闻，然后又根据约翰 · 布朗挖掘的内幕消息跟进报道，描述此前的爆料如何惹得三 K 党头目火冒三丈。皮尔森的报道起到了令三 K 党惶然自危的效

① 内森 · 贝德福德 · 福里斯特，美国南北战争时期南方联邦军队的将领，战后三 K 党的创始人。——译者注

果，也让“大龙头”塞缪尔·格林气急败坏。

以下是1948年11月17日来自皮尔森的广播报道：

> 大选结束后一周，“大龙头”在佐治亚州亚特兰大市的一号支部发表讲话。他紧握双手，再次告诫党内成员当心泄密事件。
>
> “在这种会议上，我必须开诚布公，”他说，“但我还不如会前给德鲁·皮尔森打个电话，主动把情报泄露给他，因为到了第二天，他会把这些消息播得全美尽人皆知，以至于到第二天早上我还在吃早餐的时候，就会接到美联社和合众社的电话。”
>
> ……
>
> “大龙头”谈到了12月10日在佐治亚州梅肯市举行一场大规模十字架焚烧活动的计划。他称，此次活动的规模将是三K党的历史之最，希望届时有10 000名成员身披白袍到场……
>
> 他还补充道，K骑士团——三K党的鞭刑部门——现在已经开始履职，且在亚特兰大警界有不少朋友。

随着皮尔森和《超人历险》广播节目继续播出，斯特森·肯尼迪将约翰·布朗挖到的三K党机密源源不断地爆料给其他广播和报纸媒体，怪事发生了：参加三 K 党会议的人数开始下降，申请加入三 K 党的新会员人数也开始减少。肯尼迪为了对抗种族偏见，煞费苦心，在这一次的出击中显然获得了绝妙的效果。他将三 K 党的机密信息公之于众，令其身陷重围，此前为人珍视的机要信息也成了供人讥讽的笑料。

此前思想倾向于反对三 K 党的美国人，现在手上有了充足的详细信息，更是加大火力，猛烈抨击三 K 党，舆论风向开始转变。此前思想倾向于支持三 K 党的美国人，也遭到各方警告，切勿一错再错。虽然三 K 党永远不可能销声匿迹，尤其是在南方地区——来自路易斯安那州、能言善道的三 K 党头目戴维 · 杜克竞选美国参议员等职位时拉拢到了大量选票——但肯尼迪大肆爆料三 K 党内幕，已使其遭到重创，至少在短期内元气大伤。虽然肯尼迪的活动对三 K 党究竟有何影响难有定论，但许多人还是将顺应民心摧毁这一组织的大部分功劳记在了他的头上。

这一切能成真并非得益于斯特森 · 肯尼迪的英勇无畏、果敢行动或临危不乱，虽然这确实都是他的优点，而是因为他洞悉信息所蕴含的强大力量。因为三 K 党这样的组织同政客、房地产中介或股票经纪人一样，权力主要源自信息的积累。一旦这些信息落入敌方之手，其优势便会丧失殆尽。

20 世纪 90 年代末，定期人寿保险价格骤降，一时成为不解之谜。因为这次降价没有明显的起因，而且医疗保险、汽车保险和房屋保险等其他险种的价格均未见下降迹象，保险公司、保险中介和定期人寿保险的购买者也没有出现重大变化。

原因何在？

是由于互联网的出现。1996 年春，Quotesmith.com 问世，成为同类网站中的第一家网络供应商。有了它，客户可以在短短数秒内，横向对比数十家公司提供的定期人寿保险价格。对于该类网站，定期人寿保险是再合适不过的产品，因为与其他险种——尤其是终身人寿保险这种复杂得多的险种——不同，定期人寿保险大同小异：任何 30 年期、有担保、保额为 100 万美元的保单均相差无几。因此，选择的关键便在于价格。如果一一询问保险公司，去打听最便宜的报价，整个过程将极为烦琐，现在却因为网络的出现而变得易如反掌。由于客户眨眼间便能找到价格最低的保险产品，定价较高的公司将不得不下调报价。如此一来，客户每年支付的定期人寿保险费就减少了 10 亿美元。

值得注意的是，这些网站仅仅是将报价罗列了出来，并未参与保险的销售。因此，它们经手的并非保险，和斯特森 · 肯尼迪一样，经手的是信息。假如肯尼迪抨击三 K 党的年代有互联网，他大概会在博客上一吐为快。诚然，揭发三 K 党和揭发漫天要价的保险公司还是有区别的：三 K 党以秘密情报牟利，以故弄玄虚的方式制造恐慌；保险费则算不上是秘密信息，而是一系列零碎信息，由于分布散乱，所以相互之间难以横向对比。但在两个案例中，信息的传播均起到了削弱权力的作用。最高法院大法官路易斯 · D. 布兰代斯曾写道："据说阳光是最好的杀菌剂。"

信息可以是指路明灯，可以是制胜武器，可以化干戈为玉帛，可以威慑天下，全看信息掌握在何人手里以及做何用场。由于信息拥有巨大的威力，即便是在某种信息实际并不存在的情况下，误以为掌握了这种信息也会造成不容乐观的影响。以车龄一天的汽车为例，新车有主的当天是这辆车一生中最糟糕的一天，因为它在顷刻间贬值了 1/4。这乍听起来似乎有些离谱，但我们知道事实就是如此。售价 20 000 美元的新车，转手价或许不会超过 15 000 美元。为什么？因为一辆车刚入手就想卖掉，唯一可能的合理原因就是车主发现这辆车是次品。因此，即使这辆车并非次品，潜在买家也会误以为是，他会以为，这辆车有什么信息是卖家心知肚明而他作为买家却蒙在鼓里的，所以卖家则因该种假定信息的存在而吃亏受损。

假如这辆车确实是次品呢？卖家可以等上一年再出手。届时，对汽车质量的怀疑会变得无关紧要，到时会有人选择出手自己品相完美、车龄一年的汽车，而次品则可以鱼目混珠，最终售价很可能会超过其实际价值。

交易双方中一方掌握的信息多于另一方，这是常有之事，用经济学家的话来说，这种现象叫作信息不对称。我们认为，有人

（通常是专家）懂得多，有人（通常是消费者）懂得少，这是资本主义世界的一大真理。但实际上，各行各业的信息不对称现象都因为互联网的出现而大为减少。

信息就是互联网的货币。作为一种媒介，互联网行之有效地将信息从占有方转移到需求方。通常，一如定期人寿保险费的例子，信息以极端零碎的方式存在。在此情况之下，互联网就像一块巨大的马蹄形磁铁，将沉入大海的绣花针一根一根收集起来。互联网有一项成就，就连最热心积极的消费者保护团体也望尘莫及：它大幅缩小了专家与公众之间的信息差。

面对面的专家咨询有时反而会加剧信息不对称现象，专家利用自己手中的信息资源优势，让我们觉得自己愚不可及、贸然行事、一毛不拔或行为可鄙。事实证明，对于此种情况，互联网是尤其有效的解决办法。假设这样一个场景：你的爱人刚刚去世，殡仪员（深知你对他这一行几乎一无所知，而且还承受着感情上的压力）向你推销 8 000 美元的桃木棺材；或者假设在汽车经销商那里，导购费尽心机地向你介绍林林总总的附加装置和促销方案，对底价却绝口不提。然而，等到事后，回到家中，头脑冷静下来以后，你可以上网查经销商从厂商那里拿到这辆车究竟用了多少钱；或者你可以登录 www.TributeDirect.com，自己花 3 595 美元买一口同款桃木棺材，享受次日送达的消费体验。除非你的决定是花 2 300 美元买“最后一洞”（高尔夫球主题的棺材）、

“狩猎记忆”（饰有大块头的雄鹿或其他猎物），或是殡仪员提都懒得提的其他便宜款式。

互联网尽管有着摧枯拉朽的力量，却难以根除信息不对称的现象。以 21 世纪初的企业丑闻为例，安然公司的罪名包括隐瞒合伙人、隐瞒债务和操纵能源市场。美林证券的亨利·布洛杰特和所罗门美邦公司的杰克·格鲁伯曼在调查报告中将明知是垃圾股的公司吹得天花乱坠。萨姆·瓦克萨尔提前听到风声，得知美国食品药品监督管理局将公布一份令英克隆名誉扫地的报告，于是将手中的英克隆股票全部抛售。他的朋友马莎·斯图尔特也抛售了手中的股份，还谎称是有其他原因。世通公司和环球电讯为了抬高股价，谎报了数十亿美元的收入。有的共同基金公司为部分优先客户提供优惠价，有的则被控隐瞒管理费。

虽然形式各异，但这些罪行都有一个共同点：均为信息罪。信息罪多数都会牵涉到一名或多名专家，他们或是鼓吹虚假信息，或是隐瞒真实信息。无论何种情况，这些专家都在费尽心机地拉大双方之间的信息不对称现象。

从事这种勾当的人，尤其是在高额信贷领域，难免都会这样为自己开脱：“大家都这么干。”一般而言，或许事实确实如此，信息罪的一大特点，就是最终落网的人屈指可数。有别于街头犯罪，信息罪不会留下尸体或打碎窗子留下相关物证这样的线索；有别于百吉饼小偷——偷吃保罗·费尔德曼的百吉饼却不给钱的人——通常不会有人像费尔德曼一样对信息罪犯造成的损失分毫必较。要让信息罪大白于天下，必须有惊天动地的事发生，一旦有这样的事发生，结果常常昭然若揭。毕竟，这些罪犯想不到他们的秘密勾当会有大白于天下的一天。以“安然公司录音带”为例，安然员工之间的谈话被秘密录制了下来，安然公司破产之后，这些录音带被公之于众。在 2000 年 8 月 5 日的一次电话交谈中，两名交易员聊起了安然公司如何借加州大火之机抬高电价。一名交易员说，今日的魔咒“就是‘烧吧，宝贝儿，烧吧’”。几个月后，两名安然交易员，分别名叫凯文和鲍勃，聊起了加州官员想让安然退还其哄抬电价所得的事。

凯文：他们想把钱从你们手里要回去？你们从加州那些可怜老太婆手中骗来的钱？

鲍勃：是啊，是那些老太婆，哥们儿。

凯文：好吧，你们把 250 美元 1000 度的电塞给她们，现在她们倒想要回去了。

如果你以为许多专家利用手中的信息加害于你，那么你想得没错：专家手中有你不知道的信息，这是他们赖以为生的东西；或者他们的行当太过高深，你就算有这些信息也一头雾水；或者你钦佩他们的学识，不敢妄加质疑。假如医生建议你做血管成形手术——尽管目前已有研究表明血管成形手术对预防心脏病毫无帮助——你想必不会以为他是在利用自己手中的信息资源优势，为自己或同行捞上几千美金的收入。但达拉斯市得克萨斯大学西南医学中心的介入性心脏病学家戴维·希尔斯向《纽约时报》透露，医生和汽车导购、殡仪员或共同基金经理一样，也有假公济私的企图："假设你是一名心脏科医师，当地的内科医师乔·史密斯把病人转诊给你，如果你告诉这些病人他们不需要做手术，过不了多久，乔·史密斯就不会把病人转给你了。"

有信息在手，专家就掌握了一个影响力巨大却心照不宣的武器：你内心的恐惧。你害怕要是不做血管成形手术，你的子女就会发现你心脏病发死在浴室地板上；你害怕便宜的棺材会让你的奶奶地下有知，不得安息；你害怕 25 000 美元的车遇到车祸会像玩具一样被撞得粉碎，而 50 000 美元的车则固若金汤，能保所爱之人性命无虞。做生意的专家所制造的恐惧，或许难与三 K 党这类恐怖分子制造的恐慌相匹敌，但道理是相通的。

以一种表面看来不会引起太多恐惧的交易为例，比如卖房子。卖房子有什么好害怕的呢？卖房子通常是你一辈子最大的一笔买卖，你在房地产行业大概毫无经验，而且你或许还对房子有着很深厚的感情。除了这三点之外，至少还有两点让你有所顾忌：最终售价远远低于房子的实际价值，或者房子卖不出去。

由于第一点，你害怕房子定价太低；由于第二点，你害怕定价太高。当然，找出最合理的价位是房地产中介的职责，他们才是消息灵通的人，熟知同类房产目录、近期销售走势、房贷市场的波动，甚至可能认识某个有意的买家。在这门千头万绪的生意里，能有这样一名神通广大的专家为你出谋划策，你自然觉得万分庆幸。

可惜房地产中介不这么看，他的目的可能并不是为你出谋划策，而是为自己增加业绩。请回想一下本书开头所引用的调查，该调查对比了中介私有房产及其客户房产的销售差价。调查发现，为等待更高的报价，中介私有房产在市场上挂牌销售的时间比客户房产平均多出 10 天，售价则高出 3% 以上，即市价 300 000 美元的房子，其售价要高出 10 000 美元。这 10 000 美元进了她的腰包，却没有进你的腰包。她凭着对信息的操纵和对行情的洞悉，巧妙地赚了一笔。问题就在于，即便你的房子售价高出 10 000 美元，中介个人也只能多赚 150 美元，得不偿失。因此，她的工作就是劝你，300 000 美元的报价已经不低了，甚至算得上相当丰厚了，白痴才会拒绝。

这其中显然需要一点儿诀窍，中介不可能直接骂你白痴，所以只是间接地指出这一点，她或许会告诉你同一街区有座房子更大、更漂亮，年头也没这么久，但 6 个月都没卖出去，这就是中介的主要武器：将他掌握的信息化为你的恐惧。

以一件真人真事为例。事件讲述者为 2001 年在斯坦福大学教书的法学教授约翰 · 多诺霍。“我当时想在斯坦福的校园内买一栋房子,”他回忆道,“卖方中介不厌其烦地跟我说,这笔买卖多么划算,因为房价马上就要大涨了。我刚签了购房合同,他就问我卖斯坦福的旧房子要不要中介,我告诉他,我准备不请中介自己卖,他回答说:‘约翰,这在正常情况下或许行得通,但现在房市不景气,你肯定需要中介帮忙。’”

不到 5 分钟,房价大涨就变成了房市不景气。你看,为了招揽生意,中介可以多么信口雌黄。

再举一个有关房地产中介操纵信息的真实例子,这个故事的主人公是本书作者之一的朋友 K,他看上了一栋标价 469 000 美元的房子,准备报价 450 000 美元,他先给卖方中介打了个电话,问她觉得房主能接受的最低价是多少,中介立即责备了他:

“你真该为自己害臊,”她说,“这显然有违房地产行业的职业道德。”

K 道了歉,转而开始和她拉家常。过了 10 分钟,眼看聊天行将结束,中介告诉 K:

“我最后跟你说件事吧,我客户的心理底价比你所期盼的要低得多。”

有了这次交谈做参考,K 对这栋房子报价 425 000 美元,而非原计划的 450 000 美元。最终,卖方接受了 430 000 美元的价格。由于己方中介的干预,卖方损失了至少 20 000 美元。而与之相对,中介只损失了 300 美元——为尽快顺利地敲定这笔买卖,她付出了一笔小小的代价，同时从这笔买卖中净赚了 6 450 美元的佣金。

这么看来，房地产中介的主要工作就是一面劝房主调低心理底价，一面告诉有意向的买家报价可以低于房子标价。当然，这话可以用很委婉迂回的方式说出来，而不一定要直言不讳，指使买家报低价。前文引述的房地产中介调查中也有数据统计了他们如何通过编写不同广告词来传达信息。例如，“保养良好”这样的词对于中介来说，就像“阿亚克先生”对于三 K 党成员一样，是含义丰富的暗语。该词意指，这栋房子年头已久，但还没到摇摇欲坠的程度，懂行的买家一看便知（不懂行的看到房子也能明白），但对于卖房子的 65 岁退休老人来说，“保养良好”听起来倒像是恭维，而这正是中介的意图所在。

对房地产广告用语的分析表明，某些词同房子的最终售价息息相关。这并不一定说明，说某个房子“保养良好”会直接导致其售价低于同类房子。然而，这确实表明，房地产中介若是称某栋房子“保养良好”，她有可能是在拐弯抹角地怂恿买家报低价。

下面是 10 个房地产广告常用语，其中 5 个同最终售价呈现高度正相关，另外 5 个则是高度负相关，你不妨猜一猜孰正孰负。

10 个房地产广告常用语

棒极了

花岗石

宽敞

顶尖

！

可丽耐[1]

迷人

枫木

小区环境优美

精致

“棒极了”的房子肯定能棒到卖个好价钱，对吧？那么“迷人”“宽敞”且“小区环境优美”，这样的房子呢？肯定也能卖出好价钱，对吧？错！错！错！以下才是正确的划分。

5 个与高售价相关的用语

花岗石

顶尖

可丽耐

枫木

精致

---

① 可丽耐，美国杜邦化工研发的实心面板材料。——译者注

5个与低售价相关的用语

棒极了

宽敞

！

迷人

小区环境优美

与高售价相关的5个用语中，有3个是对房子本身的实际描述：花岗石、可丽耐和枫木。就其所传达的信息而言，这类用语言之有物、简单明了，因此是有用信息。假如你喜欢花岗石，你可能就会喜欢这栋房子。你即便不喜欢“花岗石”，也肯定不会觉得这栋房子年久失修。“精致”和“顶尖”同样如此，二者似乎都让买家觉得，这栋房子在某种层面上确实很棒。

与之相反，“棒极了”却是一个需要提防、模棱两可的形容词，“迷人”同样如此，二者似乎都是房地产中介的暗号，用以描述那些乏善可陈的房子；“宽敞”的房子通常要么年久失修，要么不实用；“小区环境优美”即是在告诉买家，这栋房子其实不怎么样，但周围的房子可能不错；房地产广告里的感叹号无疑是危险信号，是用佯装的激动来掩盖实际缺陷的伎俩。

相较而言，假如你观察房地产中介私有房产的广告用语，你会发现她确实着重使用了描述性词汇（尤其是“新”“花岗石”“枫木”和“入住条件”），而避用空洞的花哨词语（包括“漂亮”、“完美”和暴露实情的“！”），然后她会耐着性子等最高价出现。她可能会告诉买家，附近有栋房子比这栋房子的标价高了25 000美元都有人买，或者有栋房子成了人们争相抢购的对象……总之，她审慎地利用着信息不对称来给她带来种种优势。

这是否说明她心地很坏？这难有定论，至少我们是很难下定论的。此处的重点不是证明房地产中介心地很坏，而是说，他们不过是凡人而已，而凡人皆受利益驱使。目前房地产行业所设定的利益显然在驱使某些中介违背客户的最佳利益行事。

同殡仪员、汽车导购和人寿保险公司一样，房地产中介的信息优势也随着互联网的出现日渐消减。毕竟，任何卖房子的人如今都可以上网搜集有关销售走势、房产目录和房贷利率的信息。信息已经变得公开化，近期的销售数据便说明了结果。房地产中介私有房产的售价仍然高于客户所有的同类房产，但由于房地产网站的不断涌现，二者之间的差价缩减了1/3。

若是单单以为人类只有处于专家或生意中介的位置上才会操纵信息，那就太天真了。毕竟，中介和专家也是凡人。这说明我们在日常生活中也有可能会操纵信息，或是隐瞒真实信息，或是把说出口的信息润色一番。房地产中介夸某栋房子“保养良好”时或许对其中的意思心照不宣，但我们人人都会耍类似的把戏。

想想你在面试工作时的自我介绍和初次约会时的自我介绍。

（更有意思的是，对比一下初次约会时的交谈和结婚十年后与同一人的交谈。）或者设想你初次上国家电视台会有何表现，你想展现出什么样的形象。或许你想表现出自己聪明睿智、心地善良或漂亮帅气的一面，你想必不希望表现得冷酷无情、心怀偏见。在三K党如日中天的年代，但凡不是保守派白人基督徒的人，其成员都会公然歧视他，并以此为荣。但此后，公开的歧视行为遭到了严厉打击。如今，再委婉的歧视言论，一旦公之于众，都会酿成严重后果。2002年，时任美国参议院多数党领袖特伦特·洛特便在这上面栽了跟头。在其参议员同事和南方同乡斯特罗姆·瑟蒙德的百岁寿宴上，他在致祝酒词时，谈到了瑟蒙德1948年的总统竞选。他当时的竞选纲领是种族隔离制度。有四个州支持瑟蒙德，密西西比州——洛特的家乡——是其中之一。

“我们以此为荣，”洛特对寿宴宾客说，“假如当初全国都能追随我们的脚步，这些年来我们就不会问题频出了。”

洛特言下之意暗示了自己支持种族隔离的倾向，因而犯了众怒，最终被迫辞去了参议院多数党领袖的职位。

你即使只是一介平民，想必也不希望在大庭广众之下暴露自己的偏见。那有没有方法可以测试公共场合下的那些歧视行为？

这听起来有些像无稽之谈，但电视竞猜节目《智者为王》确实提供了研究歧视行为的独特试验场。《智者为王》起源于英国，曾在美国红极一时。比赛中，有8名选手（后期的日间档为6名选手），每名选手均须回答有关冷知识的问题，最终只有一名选手能获得现金大奖。在此过程中，答对问题最多的选手不一定能晋级，每轮过后，所有选手均须投票淘汰一名选手，选手的答题能力想必应该是唯一需要考虑的因素，而种族、性别和年龄似乎无关紧要。但事实是否如此呢？将选手的实际投票选择同对其最有利的投票选择进行对比，或许可以揭示其中是否有歧视心理在作祟。

随着比赛的进行，投票策略会有所变化。在前几轮，由于答对题目才可以增加奖金，所以淘汰表现差的选手是合理的做法。但在后几轮，驱使选手做出策略选择的心理发生了反转，增加奖金的意义此时不及每名选手的求胜心。所以，淘汰掉优秀选手，获胜机会更大。因此，大体而言，选手一般会在前几轮投票淘汰表现较差的选手，而在后几轮淘汰表现较好的选手。

分析《智者为王》投票数据的关键，在于区别选手答题能力及其种族、性别和年龄的关联性。假如一名年轻的黑人男性答对多题，却早早遭到淘汰，或许确实有歧视心理在作祟。与之相反，假如一名年长的白人女性一道题都没有答对，却连续晋级，其中或许有某种不公平的优待心理在作祟。

此外，请记住这一切都发生在镜头前。选手知道有亲朋好友和同僚以及几百万陌生人在观看节目。那么，假如《智者为王》中真有人遭到了歧视，又究竟是哪些人呢？

结果证明，被歧视的并非黑人。对160多集的节目分析表明，无论是比赛前几轮还是后几轮，黑人的淘汰率均与其答题能力相符，女性选手也是如此。从某方面来看，这两个发现都算不上出人意料，近50年最声势浩大的两场社会运动，一是民权运动①，一是女权运动，两者分别妖魔化了黑人歧视和女性歧视。

你心怀希望地认为，或许歧视确实已经在20世纪被根除了，就像小儿麻痹症一样。或者更有可能的是，对某些人群的歧视已经变得非常不合时宜。因此，若非完全对此不屑一顾，人们都会煞费苦心地至少在公共场合摆出开明公允的样子，但这也很难说明歧视本身已经销声匿迹，只是人们碍于情面不敢表现出来而已。那么，鲜有歧视黑人和女性的现象发生，究竟是因为歧视心理真的消失了还是只是装装样子？这如何判断呢？要寻找答案，可以观察社会中未受同等保护的其他人群。实际上，《智者为王》的投票数据确实显示出，有两类选手长期遭到歧视：老年人和拉丁裔。

经济学家对歧视提出了两种主流理论，有意思的是，《智者为王》中的老年选手和拉丁裔选手似乎分别对应了这两种歧视：第一种叫作品位型歧视，意即某人仅因不喜欢与某种人打交道而歧视这种人；第二种叫作信息型歧视，意即某人认为某种人能力低下，因此低看这种人。

---

① 民权运动，第二次世界大战后美国黑人反对种族隔离与歧视，争取民主权利的群众运动。——译者注

在《智者为王》中，拉丁裔选手遭受的是信息型歧视。其他选手似乎认为拉丁裔选手水平低下，但实际情况并不一定如此。在这种观念的影响下，拉丁裔选手即便表现出色也会在前几轮遭到淘汰，而到后几轮却能顺利晋级，因为其他选手认为留着他们能减少竞争。

而与之相对，老年选手却是品位型歧视的受害者：无论是前几轮还是后几轮，他们的淘汰率均和能力水平严重不成比例。似乎其他选手——该节目观众的平均年龄为 34 岁——仅仅不想与老年选手为伍而已。

《智者为王》的选手很可能自己都没有意识到自己对拉丁裔和老年人有歧视行为（或者有刻意避免对歧视黑人和女性的行为）。毕竟，在这样一种节奏紧凑的比赛中，面对着灼人的电视镁光灯，选手免不了会处于紧张、兴奋的状态。这自然又提出另一个问题：同样一个人，在自家的私人环境中会如何表达自己的喜好、如何透露个人信息？

在美国，每年有约 4 000 万人同素不相识的陌生人互换个人隐私信息，这一切均发生在交友网站上。有的网站，如 Match.com、eHarmony.com 和 Yahoo! Personals，用户很广。有的网站则面向有特殊需求的用户：单身基督徒网、犹太人约会网、拉丁裔交友网、单身黑人交友网、西部单身网、美国单身军人网、胖人约会网和同性恋网，而婚恋网站是互联网上最成功的付费生意。

虽然每个网站的运营方式均有所不同，但程序都大致如下：你为自己发布一则个人广告，广告包括一张照片、三围、收入范围、教育水平、好恶等等。如果这则广告对了某人的胃口，此人会发邮件给你，甚至有可能安排约会。在许多网站，你还要指定交往要求：长期恋爱、一夜情或随便看看。

因此，此处有两组海量数据需要注意：人们列入广告的信息和各种广告所收到的回复数量。两组数据均可以各自回答一个问题，以便从广告信息判断，人们在分享个人信息时的坦率（和诚实）度如何，或者从回复数量判断，个人广告中的哪些信息最受（和最不受）欢迎。

近日，两名经济学家冈特·J. 希契、阿里·霍达斯库同一名心理学家丹·艾瑞里联手研究了这两个问题，他们分析了一家主流婚恋网站的数据，着重研究了 2 万多名活跃用户，这 2 万多名用户现半数居波士顿市，半数居圣迭戈市，其中 56% 的用户为男性，所有用户年龄中位数范围为 21~35 岁。尽管他们的种族构成非常多元，足以形成某些有关种族的定论，但主要群体还是白人。

这些用户的收入、身高、身材和样貌均优于常人，至少他们的自我陈述里是这么写的。超过 4% 的婚恋网站用户自称年薪超过 200 000 美元，但实际上，普通互联网用户中，只有 1% 的人年薪可以达到这个水平，这说明 4 个高收入者中有 3 个是在夸大其词。而在身高方面，男女用户所报身高的平均数均比全国平均身高高一英寸。至于体重，男性的数据与全国平均水平相符，女性所报的体重则要比全国平均水平轻20磅左右。最引人注目的一点是，高达72%的女性自称相貌属于“中等以上”，其中有24%自诩“容貌姣好”。男性用户同样自我感觉良好：68%的男性自称相貌属于“中等以上”，其中有19%自诩“仪表堂堂”。这样一来，只剩下32%的用户属于“相貌平平”了，其中只有区区1%自觉“其貌不扬”。这说明，普通婚恋网站的用户要么谎话连篇，要么自恋成痴，要么对“相貌平平”的概念避之唯恐不及。（或许他们也可能只是在自我标榜罢了，就像任何房地产经纪人都懂的，一般的房子既不“迷人”也不“棒极了”，但若不这么说，根本就不会有人愿意看上一眼。）28%的女性用户自称是金发，这一比例远远超过了全国平均比例。这说明，其中有很多人要么是染了发，要么是在撒谎，要么二者皆有。

相比之下，某些用户则极其坦诚。7%的男性用户坦言自己已婚，其中极少数人自称“婚姻美满”。但他们的坦诚却并非不计后果，样本中有243名“婚姻美满”的男士，仅有12名公布了自己的照片。所以，勾搭情妇的好处显然大于被老婆发现求偶广告的风险。

“你上那个网站上做什么？”丈夫可能会遭受这样的指责，但肯定没有丝毫作用。

在婚恋网站上无人问津的原因多种多样，但不公布照片或许是最确凿无疑的一个。照片不一定是本人的，也可以是某个相貌更加出众的陌生人，但这种骗局最终显然会起到适得其反的效果。不公布照片的男性用户收到的电子邮件数量，仅为公布照片的男性的60%，而不公布照片的女性收到的电子邮件数量则只有24%。即便是收入微薄、目不识丁、工作不理想、其貌不扬、体型微胖的秃头男，只要公布了照片，收到邮件回复的概率就会超过自称年薪200 000美元、一表人才却没有公布照片的人。不公布照片的原因多种多样，或是电脑操作水平不佳，或是不想被朋友发现，或是其貌不扬，但道理正如新入手便被挂牌出售的汽车，潜在客户会误以为车有严重的内部故障而鲜有问津。

想要与佳人相约确实是一桩难事。发布广告的男性用户中，有56%的人从未收到过电子邮件，女性则有21%无人问津。与此同时，对于哪些特点能获得大量回复，但凡是对性事懂点皮毛的人，都会觉得不难识别。实际上，婚恋网站用户表达的喜好完全符合最常见的男女传统形象。

例如，自称寻找长期伴侣的男性比寻找一夜情的男性更受欢迎，但寻找一夜情的女性却比寻找长期伴侣的女性更受欢迎。对男人来说，女人的相貌至关重要。对女人来说，男人的收入至关重要。越有钱的男人收到的电子邮件越多。但女人在收入方面的吸引力则呈倒U形变化：男人不喜欢和低收入的女性约会，但女人若是收入过高，男人也会敬而远之。女人喜欢的约会对象有军人、警察和消防员（和保罗·费尔德曼的百吉饼付款率升高一样，这可能是“9·11”事件造成的影响），同时还有律师和医生，她们规避的约会对象是从事制造业工作的男性。对于男人来说，身高太矮是一大劣势，想必就是因为这点，才会有那么多男人谎报身高，但体重则关系不大。对于女人来说，身材过胖则是致命劣势，想必就是因为这点，她们才会谎报体重。对男人来说，红头发或卷发是减分项，头发半秃同样如此，但剃光头却可以接受。对女人来说，杂灰色头发是减分项，而金发则不出所料是加分项。

除了有关收入、教育和相貌的信息，婚恋网站的男女用户还需注明种族，他们还须指明对潜在约会对象的种族有何偏好。两个选项分别为“和我一样”及“无所谓”。和《智者为王》的选手一样，网站用户在此要做的是公开宣布自己对异族人士的看法，直到在下一步同约会对象的私密邮件中，他们才会透露自己的真实喜好。

网站中约有半数的白人女性用户和 80% 的白人男性用户声称自己不介意种族，但回复数据却显示事实并非如此。声称不介意种族的白人男性，有 90% 的询问邮件都发给了白人女性；而声称不介意种族的白人女性，有 97% 的询问邮件都发给了白人男性。意即，同是仪表堂堂、收入颇丰、高学历，亚裔男性收到的白人女性发来的邮件数量还不及白人男性的 25%，而黑人和拉丁裔男性收到的白人女性发来的邮件数量则要比同等条件的白人男性少一半左右。

是否有可能这些白人男女确实不介意种族，只是从来没有遇到中意的非白人约会对象？或者更有可能的是，他们声称不介意种族是否只是为了在人前——尤其是在同种族的潜在约会对象面前——展示出开明的形象？

往往，我们公开宣称的信息和我们内心的真实信息之间有着巨大的鸿沟，或者以更通俗的方式来讲，就是言行不一。这种现象在私人关系、生意往来——自然还有政坛——中屡见不鲜。

如今，对政客在公开场合的心口不一，我们早已司空见惯，但选民也会撒谎。假设一场选举在一名黑人候选人和一名白人候选人之间展开，白人选民是否会为了隐瞒自己的种族倾向而对民意调查者谎称会投票给黑人候选人？显然如此。1989 年的纽约市市长选举在戴维·丁金斯（黑人候选人）和鲁道夫·朱利亚尼（白人候选人）之间展开，最终丁金斯以区区几个百分点险胜。虽然丁金斯顺利当选纽约市首位黑人市长，但他微弱的领先优势却出人意料，因为选举前的民意调查显示，丁金斯领先近 15%。1990 年，白人至上主义者戴维·杜克参加了美国参议院选举，最终得票数比选举前的民意调查高出了将近 20%，说明路易斯安那州有数千选民偏爱有种族主义倾向的候选人，但却不愿承认。

杜克虽然从未如愿以偿地在政界谋得高位，但他证明了自己确实是操纵信息的好手。在担任三 K 党骑士团大巫师时，他编辑了一份涵盖数千名普通成员和其他支持者信息的通讯录，这些人后来成了他在政界发展的基础。然而他不甘心只把这份通讯录留作私用，于是以 150 000 美元的高价卖给了路易斯安那州州长。多年后，这份通讯录再次为杜克派上了用场。他告诉他的支持者，他手头拮据，需要捐款。就这样，杜克以继续弘扬白人至上主义事业为名，募集到了数十万美元的捐款。他在一封信中对自己的支持者解释道，他已经一穷二白，银行甚至要收回他的房子。

实际上，杜克早已卖掉了房子，还狠赚了一笔。(他有没有雇用房地产中介就不得而知了。) 他从支持者手中募集的捐款多数并未用于弘扬白人至上主义事业，而是被嗜赌成性的他挥霍在了赌场上。他巧使计谋，瞒天过海，但最终仍然在得克萨斯州大斯普林市被捕入狱。

第三章

为何毒贩还在与母亲同住？

前两章分别探讨了两个确实有些稀奇古怪的问题：教师与相扑力士有何共同点以及为何三 K 党和房地产中介是一路货色。如果你提的问题比较多，即使初看起来这些问题怪诞不经，最终都能让你学有所获。

提问的第一个诀窍，是判断你所提问题的好坏，并非没人提过的问题就是好问题。千百年来一直不乏智者提出各式各样的问题。因此，许多前人未提的问题难免会得出索然无味的答案。

但假如你提的是和人们息息相关的问题，且得出了出乎意料的答案——推翻了传统观念，你或许会有所收获。

发明"传统观念"（conventional wisdom）一词的是学识渊博的经济学先哲约翰·肯尼思·加尔布雷思[①]，然而，他并不认为这

---

① 约翰·肯尼思·加尔布雷思（1908—2006），美国经济学家，新制度学派的主要代表人物。——译者注

是个褒义词。

"我们对真理的认识以一己方便为准，"他写道，"认准最符合一己私利和个人福祉的真理，抑或避免那些费力不讨好或扰乱生活的说法。当然，那些最取悦于我们自尊心的观念，确实很容易为我们所认同。"

加尔布雷思继续写道："经济和社会行为非常复杂，要想参透其特征，着实劳心费神。因此，我们要像抓住救命稻草一样，固守着那些在我们理解范围之内的观念。"

因此，在加尔布雷思看来，传统观念平白浅显、便于理解、说辞悦耳、抚慰人心，却不一定合乎事实。说传统观念无一是真，自然十分荒唐，但找出传统观念的错误之处——抑或找出草率马虎或狭隘自私的思维所留下的痕迹——是提问题的一个良好出发点。

以美国近年来的无家可归问题为例，20世纪80年代初，一位名叫米奇·斯奈德的无家可归者权益保护分子宣称，美国约有300万无家可归者，立时引来人们的广泛关注。

每100人中就至少有1人无家可归？自然这比例听起来太高了，但专家就是这么说的，因此这一此前无人问津的问题突然之间成了举国瞩目的话题，斯奈德甚至在国会发言也证实了这一问题的严重性。据说，他还在某所大学做演讲称每秒钟就有45名无家可归者死亡——每年有多达14亿无家可归者死亡。（彼时的美国人口约为 2.25 亿。）即便斯奈德的本意是每 45 秒钟就有一名无家可归者死亡，犯了口误或被误读，那合计每年也有 701 000 名无家可归者死亡，相当于美国死亡人口总数的 1/3 左右。最后，斯奈德迫于压力解释了其所谓 300 万无家可归者的数据，承认自己这是信口胡说。但记者对他仍旧纠缠不休，逼他给出一个确切数字，他说，他不想让他们空手而归。

作为专家，斯奈德为一己私利欺骗公众，这一点固然可悲可恨，却不足为奇。因为单凭他们自己是做不到欺骗公众这一点的，所谓记者急需专家，正如专家急需记者，每天的报纸版面和电视新闻总要有内容可写，而危言耸听的专家常常受到欢迎。于是，记者和专家志同道合，便成了许多传统观念的始作俑者。

此外，广告也是塑造传统观念的绝佳手段。例如，李施德林诞生于 19 世纪，最初只是一种强效的外科消毒剂。随后，经蒸馏提取后，又作为地板清洁剂和淋病药剂在市面出售。但直到 20 世纪 20 年代，它被打造成一款治疗“长期口腔异味”（这在当时还只是口臭的医学用语，鲜为人知）的产品，才一炮而红。李施德林的新广告以绝望无助的青年男女为主角，他们迫不及待地想要步入婚姻殿堂，却因为伴侣的口臭问题望而却步。在那之前，口臭一般算不上是大问题，但李施德林改变了这一点。正如广告学学者詹姆斯 · B. 特威切尔所写的：“李施德林的卖点不是漱口水，而是消除口腔异味。”在短短 7 年间，公司收入从 115 000 美元一跃涨至 800 万美元。

无论传统观念如何形成，它们一般都难以撼动。2004 年初，小布什总统的连任竞选活动刚刚开始，《纽约时报》专栏作家、坚定的反小布什者和经济学家保罗·克鲁格曼就哀叹道："关于布什先生，公认的说法是他是个心直口快、耿直坦诚、直言不讳的人，只有符合这一形象的传闻逸事才会被报道出来。但假如传统观念觉得他是个虚情假意的富家子弟，将自己包装成了牛仔的形象，那记者就会有许多料可写。"

在 2003 年美国入侵伊拉克之前的几个月里，专家们唇枪舌剑，对伊拉克的大规模杀伤性武器做出了截然相反的预测。又如，妇女权益保护者夸大了性侵犯的发生概率，声称每 3 名美国妇女就有 1 位在其有生之年成了强奸或强奸未遂的受害者。（实际数据接近 1/8，但妇女权益保护者知道，只有铁石心肠的人才会公开反驳他们的言论。）就连为治愈各种不幸疾病而挣扎的人士常常也会采取类似手段。干吗不这么做呢？夸大一点可以为这些问题博取眼球、激起人们的正义感，还能——或许最重要的是——拉拢资金和政治资本。

所以，一位专家，无论他是女性健康倡导者、政治顾问，还是广告经理，他追求的利益动机自然与你我等人不同。然而，专家的思想也可能会根据情况发生 180 度的大转变。

以警察为例，最近一次审计发现，自 20 世纪 90 年代初起，亚特兰大市的警察瞒报了大量刑事案件。这种行为始于亚特兰大申报1996年奥运会之时，当时这座城市迫切需要摆脱其暴力肆虐的形象，越快越好。因此，每年数千起的犯罪报告，要么被从暴力犯罪降格到非暴力犯罪，要么就被弃置一旁。（尽管这种行为长期存在——单是2002年就有22 000份警方报告下落不明，至今亚特兰大仍然长期被评为美国最暴力城市。）

与之相反，20世纪20年代其他城市的警察却捏造了另一套说辞，强效可卡因的来势汹汹让举国上下的警局捉襟见肘，他们对外宣称，这并非一场公平的较量：毒贩拥有顶尖的武器和用之不尽的资金。最终，警局对取之不尽的非法资金的强调成了制胜的一招，因为毒贩要是一跃成为百万富翁，必然会令遵纪守法的平民义愤填膺。与此同时，媒体也踊跃地渲染这样的义愤，将毒品交易描述成美国最有利可图的行当。

但如果你在毒品交易泛滥的贫民区转一转，就会注意到：多数毒贩不仅还住在贫民区，而且还和自己母亲同住，你可能会百思不得其解地说："为什么会这样？"

想要找到答案，首先要找到合适的数据，而寻找合适数据的秘诀则常常在于找到合适的人选。说易行难，鲜有毒贩接受过经济学教育，而经济学家又很少和毒贩打交道。因此，解答这一问题的第一步是找到曾与毒贩同住、了解这一行当的秘密且全身而退的人。

素德·文卡特斯——他的儿时伙伴叫他席德，但他后来又改回了原名素德——生于印度，成长于纽约上州[①]和南加州，毕业于加利福尼亚大学圣迭戈分校，并获得了该校颁发的数学学位。1989年，他进入芝加哥大学攻读社会学博士学位，他对了解年轻人如何形成自己的个性非常感兴趣，为此，他用三个月的时间跟随“感恩而死”乐队[②]进行全国巡演。而对于社会学研究中常见的繁重实地调查，他却兴趣寥寥。

但他的研究生导师、声名卓著的贫困问题学者威廉·朱利叶斯·威尔逊却将他派去进行实地调查，任务是带着写字板和一份包含70道选择题的调查问卷，走访芝加哥最贫困的黑人小区。

调查问卷的第一道问题是：

你对身为一名贫困的黑人有何感受？

a. 非常糟糕

b. 糟糕

c. 不好不坏

d. 比较好

e. 非常好

---

① 纽约上州，在美国口语中指纽约州除纽约市及长岛以外的地区。——译者注

② “感恩而死”，1964年组建的美国乐队，风格常在迷幻摇滚和乡村摇滚之间自由切换，是迷幻摇滚开创者之一，解散于1995年。——译者注

某日，文卡特斯徒步前往一处贫民区——此地位于密歇根湖畔，与芝加哥大学相隔20个街区——进行问卷调查，贫民区内有三栋16层高的黄灰色砖石建筑。文卡特斯很快发现，他拿到的姓名和住址已经严重过时，这几栋楼年久失修，基本废弃，有几户人家住在较低的楼层，靠偷水电度日，但电梯已经报废，楼梯间的灯也坏了。彼时正是初冬的傍晚，屋外已近全黑。

他上到六层，想找人填写问卷。到楼梯口的时候，他看到了一群掷骰子的青少年，他们是盘踞在这栋楼里的一帮底层毒贩。显然，他们并不乐意见到他。

“我是芝加哥大学的学生，”文卡特斯结结巴巴地念起了准备好的调查开场白，“我想进行——”

“去你妈的，黑鬼，你在这儿干什么？”

彼时，芝加哥正处于黑帮火并时期，局势愈演愈烈，几乎每天都有枪击事件发生。他们这一帮派是“黑色帮匪门徒之国”的一个分支，尽管当时气氛紧张，但他们却不知该如何处置文卡特斯，因为他看起来不像敌对帮派的成员。也许有可能是某种间谍，但显然不是警察。他不是黑人，也不是白人，也没什么威胁性——全身上下只带着一块写字板，但看上去也不像全然无害。由于此前三个月他都在追“感恩而死”乐队的巡演，他看起来仍然“像个十足的怪胎，头发都长到屁股上了”，按他事后的说法。

这些黑帮分子开始争论如何处置他。放他走？但他要是真的把楼梯口的这个据点透露给敌对帮派，他们很容易遭到偷袭。一个沉不住气的家伙手里拿着一个东西晃来晃去，就着昏暗的灯光，文卡特斯终于看清那是一把枪。那家伙嘴里念叨着："让我干掉他，让我干掉他。"这让文卡特斯惶恐不已。

人越聚越多，吵嚷声也越来越大。随后，一名年纪较大的帮派成员出现了，他从文卡特斯手中一把夺过写字板，发现那是张手写的问卷后，他一脸茫然。

"这鬼玩意儿我一个字也看不懂。"他说。

"那是因为你不识字。"一名青少年说，大家顿时发出一阵哄笑。

他让文卡特斯开始调查，从问卷上挑个问题问他，文卡特斯开口便问："你对身为一名贫困的黑人有何感受？"这一问题引起了哄堂大笑，有人还被惹火了。

文卡特斯事后告诉大学同事，他发现那些选择题从 a 到 e 的选项并不够用。实际上，他这时才发现，选项应设置如下：

a. 非常糟糕

b. 糟糕

c. 不好不坏

d. 比较好

e. 非常好

f. 去你妈的

就在局面对文卡特斯极为不利的时候，又一个人出现了，他是帮派头目 J. T.。J. T. 问出了什么事，然后让文卡特斯把问题念给他听，他听后说无法回答，因为他不是黑人。

“那好吧，”文卡特斯说，“你对身为一名贫困的非裔美国人有何感受？”

“我也不是非裔美国人，白痴！我是黑鬼。”J. T. 随后绘声绘色又不失友好地就“黑鬼”“非裔美国人”“黑人”之间的区别给文卡特斯上了一课。他说完，众人陷入了一阵尴尬的沉默，因为似乎还是没有人知道该如何处置文卡特斯。年届 30 的 J. T. 让大家冷静下来，但他似乎也不想直接干涉他们对所抓之人的处置。

夜幕降临，J. T. 离开了。

“来到这里就不能活着出去，”那名沉不住气的持枪少年对他说，“这你知道，对吧？”

随着夜色渐深，抓他的人松懈了下来，他们给了文卡特斯一瓶啤酒，然后一瓶接着一瓶。文卡特斯内急的时候，去了他们撒尿的地方——高一层的楼梯口。夜里，J. T. 路过了几次，但几乎没说什么。

天亮了，接着又到了中午，文卡特斯几次想提起调查的事，但少年毒贩只是一笑了之，告诉他那些问题非常荒唐。最终，在文卡特斯不幸被他们抓到近 24 小时后，他们把他放了。

他回家洗了个澡，总算放下心来，却也心生好奇，他忽然间意识到，多数人，包括他自己，甚少关心贫民区罪犯的日常生活。

他现在迫切想了解“黑色帮匪门徒”自上而下的运行方式。

几小时后，他决定重回那处贫民区。此时，他脑海中已经有了更好的问题。

文卡特斯从亲身经历中得知搜集数据的传统手段在这一案例中毫无用武之地，于是决定丢掉问卷，打入帮派内部。他打听到了 J. T. 的行踪，并向他大致描述了他的提议。J.T. 觉得文卡特斯简直是疯了——区区一介大学生想混入贩毒团伙？但他也非常钦佩文卡特斯的追求。巧的是，J. T. 以前也是大学生，主修商科专业。毕业后，他在卢普区[①]一家办公设备销售公司的销售部门谋得过一个职位，但他觉得自己格格不入——他总说，就像在“非裔光泽”[②]总部上班的白人一样，所以他辞职了。尽管如此，他一直没有忘记自己在那里的所学所得，他懂得了收集数据和寻找新市场的重要性，总是在管理策略方面精益求精。换言之，J. T. 能成为贩毒团伙的一帮之首绝非偶然，他生而具有领袖风范。

---

① 卢普区，美国第三大城市芝加哥的传统中央商务区所在地，现为美国第二大中央商务区，仅次于纽约曼哈顿中城区。——译者注

② “非裔光泽”（Afro Sheen），一款为黑人式爆炸头发型设计的美发产品。——译者注

经过一番争论，J. T. 答应文卡特斯可以自由查阅帮派活动资料，前提是所要公布的信息只要有可能伤及帮派利益，J. T. 就有否决权。

文卡特斯初次查访后不久，那栋黄灰色建筑便被拆除了，随后帮派转移到了芝加哥南区一处更加隐蔽的贫民区。在此后 6 年的时间里，文卡特斯算是住在了那里。在 J. T. 的保护下，他近距离观察了帮派成员的贩毒买卖和私生活。他问长问短，有时，这些黑帮成员会对他的刨根问底很不耐烦，但多数时候他们都会在他这个愿意倾听的人面前一吐为快。

“外面可是开打了，哥们儿，”一名毒贩告诉他，“我是说，人们天天想着法儿保命，所以你知道，我们也只能这么干。我们没有别的法子，要是为了这个丢了小命，那也去他的，这儿的黑鬼要养家糊口就得豁出去。”

文卡特斯在不同人家之间搬来搬去，替他们洗盘子，晚上睡地板，给他们的孩子买玩具。他曾眼睁睁看着一名少年毒贩在自己面前被开枪打死，一名女子用自己小孩的围嘴擦干他的血迹。芝大校园的威廉 · 朱利叶斯 · 威尔逊经常为文卡特斯担惊受怕。

多年来，该帮派历经了数次血腥火并，最终迎来了联邦政府的一纸诉状。当时，地位仅次于 J. T. 的帮派成员布提因招来了这纸诉状，成了整个帮派的众矢之的。他找文卡特斯爆料，因为这个，他估计自己很快会被灭口。(他猜对了。) 但布提想在死前略尽绵力为自己赎罪，尽管黑帮分子常说贩毒毫无害处，他们甚至夸口说贩毒让黑人的钱留在黑人手中，布提还是于心不安，他想在身后留下一些能造福子孙后代的东西。他交给文卡特斯一沓年代已久的圈线本——蓝黑相间，这代表其帮派的颜色。这些圈线本完整记录了该帮派4年来的财务交易。在J. T.的授意下，有人一丝不苟地记录下了这些账目：销售额、工资、会费，甚至还有付给被杀成员亲属的抚恤金。

最初，文卡特斯根本不想要这些账本，要是政府发现他手里有这些东西怎么办？他可能也会遭到起诉？此外，他要如何处理这些数据？他虽然有数学学位，但早就放弃了对数字的钻研。

完成芝加哥大学的研究生学业后，文卡特斯荣获了哈佛研究员学会①的三年会员资格。学会重思辨、友善的氛围——奥利弗·温德尔·霍姆斯②生前所有的胡桃木镶板和雪利酒推车——让文卡特斯乐在其中，他甚至成了学会的酒侍。但他还是经常离开剑桥市③，回到芝加哥的贩毒团伙中，这项基层研究让文卡特斯多少成了异类，其他年纪轻轻的研究员多数都是彻头彻尾的知识分

---

① 哈佛研究员学会，由哈佛大学主办的机构，成员为事业刚刚起步、有学术潜力的年轻学者，学会为其提供成长机会。——译者注

② 老奥利弗·温德尔·霍姆斯（1809—1894）为美国诗人、散文家，小奥利弗·温德尔·霍姆斯（1841—1935）曾任美国最高法院大法官，两人为父子关系。无法判断此处指二者中的哪一位。——译者注

③ 剑桥市，指美国马萨诸塞州剑桥市，哈佛大学所在地。——译者注

子，喜欢用希腊语讲俏皮话。

该学会的宗旨之一就是让各个领域的学者齐聚一堂，给他们相识的机会。文卡特斯不久便遇到了这群年轻研究员中的另一个异类：他与学者的典型形象大相径庭，而他恰巧是经济学家，他不喜欢研究上得了台面的宏观思想，反而喜欢研究自己那些稀奇古怪、微不足道的兴趣点，而他最乐此不疲的爱好就是研究犯罪。因此，见面不到 10 分钟，素德 · 文卡特斯便向史蒂芬 · 列维特提起了他从芝加哥拿到的圈线本，他们决定合作写一篇论文。这种珍贵的财务数据首次落到了经济学家的手里，一个此前没有官方记录的犯罪商业帝国因此得到了解构分析。

那么该帮派是如何运作的？实际上，它和多数美国企业大同小异，但与之最相近的当属麦当劳。实际上，如果将麦当劳和“黑色帮匪门徒”的组织结构图并排放在一起，你根本很难区别开来。

文卡特斯打入的只是帮派的一个分支，隶属于“黑色帮匪门徒”，该组织共有约 100 个分支——实质相当于连锁店。有大学学历、身为一店之长的 J. T. 要向中央领导层汇报，该领导层约 20 人，名字就叫董事会——这不带任何揶揄之意。（一方面身为白人的郊区居民[①] 挖空心思地效仿黑人饶舌歌手的贫民区文化，另

① 郊区居民在美国是个略带贬义的词，指保守、思维狭隘、品位堪忧、好攀比、喜欢干涉别人生活的庸众。——译者注

一方面黑人贫民区的罪犯却在千方百计地效仿郊区居民父辈的企业思维。）J. T. 须将近两成收入上交给董事会，以获得在指定的12 个街区贩卖毒品的许可，剩余的收入则由他自由支配。

J. T. 有 3 名直接下属：司令官（负责保护帮派成员安全）、司库（负责掌管帮派的流动资产）和走私官（负责同供货方接洽、运输大量的毒品和资金）。3 名长官的手下则是被称为步兵的街头业务员，步兵的目标就是有朝一日能晋升为长官。J. T. 手下有25~75 名步兵领取薪俸，具体人数则要依时节（秋季是贩毒的旺季，夏季和圣诞节期间则是淡季）和帮派地盘的大小（“黑色帮匪门徒”对敌对帮派的一块地盘策划了一次恶意收购，J. T. 的地盘因此扩大了一倍）而定。位于 J. T. 团伙最底层的是 200 名普通成员，他们并非帮派的在职人员，却要向帮派支付会费——有的是为了谋求庇护，免得被敌对帮派袭击，有的则是为了争取晋升为步兵的机会。

帮派账本所记录的 4 年恰逢毒品交易的繁荣期，生意非常红火。J. T. 的连锁店收入在此期间翻了两番。头一年，其平均月收入为 18 500 美元，到最后一年，月收入已经涨到了 68 400 美元。以下是第三年的月收入构成：

毒品销售： 24 800 美元

会费： 5 100 美元

强制征税：　2 100 美元
当月总收入：　32 000 美元

“毒品销售”仅包含强效可卡因买卖的收入，该帮派确实允许普通成员在地盘内卖海洛因，且无须上缴利润分成，但要征收定额许可费。（这部分收入不计入账本，直接进入 J. T. 的口袋，他大概还瞒报了其他一些收入来源。）5 100 美元的会费全部来自普通成员，因为帮派的正式成员无须缴纳会费。强制征税则来自帮派地盘内的其他买卖，包括杂货店、出租车、皮条客、在街头贩卖盗窃赃物的人和汽车修理工。

接下来是 J. T. 赚取这 32 000 美元月收入所耗费的成本（不包括工资支出）：

毒品批发成本：　5 000 美元
上交董事会费用：　5 000 美元
雇用打手：　1 300 美元
军火费：　300 美元
杂费：　2 400 美元
当月非工资总成本：　14 000 美元

雇用打手是帮派为抢夺地盘而签短约雇用的帮外人员。此处的军火费很少，因为“黑色帮匪门徒”同当地的军火贩有约在先，可以通过帮他们巡视小区，来抵偿全部或大部分枪支费用。杂费支出包括律师费、聚会开销、贿赂和帮派主办的“社区活动”费用（“黑色帮匪门徒”努力将自己塑造为贫民区社会的中流砥柱，避免被视作毒瘤），还包括帮派成员被杀的相关费用，帮派不仅负责葬礼费用，还会向死者家属发放一笔相当于其三年工资的津贴。文卡特斯曾问过为什么帮派在这方面如此慷慨。

“这问题太傻了，”对方对他说，“你跟我们待了这么久，还是不懂他们的亲人就是我们的亲人，我们不能不管他们。这些人都是我们认识了一辈子的人、哥们儿，所以他们伤心，我们也跟着伤心，你得尊重家属。”

这些抚恤金还有另一个目的：帮派忌惮于社区的反目（这显然是残民害物的组织），认为时而施舍几百美元能收买人心。

帮派的剩余净收入则流向各级成员之手，J. T. 拿大头。帮派预算中，以下这一项让 J. T. 成了最大的受益者：

当月净收入中的首领所得：8 500 美元

J. T. 月收入 8 500 美元，合计年收入就是 100 000 美元左右——当然无须纳税，还不包括他中饱私囊的各种账外收入。相比于他在卢普区那份干了没多久的办公室工作，这笔收入可谓高出不少。而 J. T. 这一等级的头目，在“黑色帮匪门徒”的帮派网络内共有 100 名左右。因此，确实有某些毒贩可以过上锦衣玉食的生活。若是帮派董事会的成员，则可以过上穷奢极欲的生活。这 20 名顶层头目的年收入约为 500 000 美元。（但通常情况下，其中总有 1/3 会锒铛入狱，这是在非法行当里身居要位的一大缺点。）

因此，位于“黑色帮匪门徒”金字塔塔尖的这 120 人收入颇丰，但位于其下的是一座异常庞大的金字塔塔基。按 J. T. 的连锁店——3 名长官和约 50 名步兵——计算，这 120 名头目约有 5 300 名手下为他们卖命。除此之外，还有 20 000 名无偿效劳的普通成员，其中不少人只为了有朝一日能晋升步兵，别无他求，他们甚至愿意向帮派支付会费来争取这样的机会。

那么这一理想职位的工资有多少呢？以下是 J. T. 付给帮派各级成员的月薪总额：

3 名长官的月薪总支出：2 100 美元

所有步兵的月薪总支出：7 400 美元

帮派月薪总支出（不包括首领）：9 500 美元

因此，J. T. 付给手下的月薪总额为 9 500 美元，仅比他本人的账面收入高了 1 000 美元。J. T. 的时薪为 66 美元，而他的 3 名长官月薪分别为 700 美元，折合时薪为 7 美元。步兵的时薪为 3.30

美元，还不及法定底薪标准。因此，回到最初的问题，假如毒贩收入颇丰，为何他们还与自己的母亲同住？答案就是，除了帮派大佬，毒贩的收入并不高，他们别无选择，只能跟自己的母亲同住。每名高收入头目手下都有数百人只能勉强糊口，“黑色帮匪门徒”的 120 名头目只占帮派正式成员总人数的 2.2%，却拿走了帮派半数以上的收入。

换言之，贩毒团伙的运作方式与普通的资本主义企业大同小异：只有位于金字塔顶层的人才能拿到高薪。虽然那些头目信誓旦旦地说帮派亲如一家，但其工资分配却和美国企业一样极度不均衡，步兵和麦当劳里做汉堡的小时工或沃尔玛的摆货员有不少共同点。实际上，J. T. 手下的步兵多数都在合法行业里有底薪兼职，以弥补他们微薄的非法收入。另一个贩毒团伙的头目告诉文卡特斯，以他的收入，给手下步兵涨工资绰绰有余，但这么做却并不明智。

“你手下这些黑鬼个个都想抢你的位子，懂吗？”他说，“所以你要知道，你要给他们甜头，但也得让他们明白你才是老大。什么好处你都得是头一个，否则你就没了老大的架子，你要是认亏，他们会觉得你软弱无能。”

除了工资微薄之外，步兵还面临着恶劣的工作条件。首先，他们必须一天到晚站在街头同瘾君子打交道。（帮派成员本人严禁使用毒品，必要时，该禁令会用棍棒强制执行。）步兵还面临着被捕之虞，以及更加引人担忧的暴力威胁。有了帮派的财务资料和文卡特斯的其他调查结果，我们得以计算出 J. T. 帮派在这 4 年间的不良事件指数。结果非常不乐观，假如这 4 年里，你也是 J. T. 帮派的一员，在此期间你会有如下遭遇：

被捕次数	5.9
非致命伤或受伤次数	2.4

（不包括因违规行为被帮派惩罚而导致的受伤）

被杀概率	1/4

1/4 的被杀概率！且将这一概率同伐木工的死亡率对比一下：美国劳工统计局认为伐木工是美国最高危的职业，一名伐木工在 4 年间的死亡率为 1/200；或者将毒贩的被杀率与得克萨斯州死囚的死亡率做一下比较：该州是美国死刑执行数量最高的州，2003 年，得克萨斯州处死了 24 名死囚——而当时该州共有近 500 名在押死囚，死刑执行率不到 5%。也就是说，芝加哥贫民区贩毒被杀的概率要高过得克萨斯州死囚区服刑人员的死亡率。

那么，如果说贩毒是美国最高危的职业，而且时薪只有区区

3.30 美元，为什么还有人愿意从事这个行当？

实际上，这和威斯康星州有几分姿色的农场女闯荡好莱坞的理由一样，和高中的橄榄球四分卫每天凌晨 5 点就起床练举重的理由一样。他们都削尖脑袋想在竞争激烈的行业里出人头地，一旦脱颖而出，他们便能一夜暴富（姑且不说随之而来的荣誉和权力）。

对于在芝加哥南区贫民区长大的儿童来说，贩毒似乎是一个光鲜的职业，在他们多数人看来，帮派首领这个位子——名利双收——多半就是他们所能企及的最好工作。假如成长环境不同，他们或许也会想成为经济学家或作家，但在 J. T. 帮派盘踞的小区，想谋得体面的合法工作，几乎毫无门路。小区内 56% 的儿童生活在贫困线以下（与之相比，全国的平均比例仅为 18%），78% 的儿童来自单亲家庭。小区内仅有不到 5% 的成年人拥有大学学位，仅有 1/3 的成年人有工作。小区的年收入中位数为 15 000 美元左右，不及美国全国平均数的一半。在文卡特斯混迹于 J. T. 帮派的几年间，步兵经常托他帮忙找一份他们眼中的“理想工作”：在芝加哥大学做看门人。

贩毒行当和其他光鲜职业存在同一个问题：千军万马过独木桥。在贩毒团伙挣到大钱的概率比威斯康星州农场女成为电影明星或高中橄榄球四分卫加入美国橄榄球大联盟的概率高不了多少。但罪犯也像芸芸众生一样，受利益的驱使。因此，只要回报足够高，他们就会成为茫茫人海中的一员，盼着出头的那天。在芝加哥南区，盼着入贩毒这一行的人太多了，可供贩毒的街角已经远远不够。

一条永恒不变的劳动规律横亘在这些初出茅庐的毒枭面前：某项工作若有太多人愿意做且能够胜任，这项工作的酬劳通常不会太高。这是决定工资多少的四个重要因素之一，另三个分别是该工作所需的专业技能、该工作的不适程度和该工作所提供服务的需求量。

这四大因素的微妙平衡解释了为何妓女常常比建筑师挣得多等问题。这个现象乍看之下似乎并不正常，建筑师行业对技术和教育水平的要求更高，但没有哪个小姑娘会梦想着长大成为妓女，所以妓女苗子的供应量相对较少。虽然她们的技术算不上“专业”技能，但从业环境却极其专业化。这个行当的从业舒适度极低，条件恶劣，这至少体现在两大方面：暴力威胁和无缘稳定的家庭生活。至于需求量，姑且可以说，建筑师召妓的可能性要大于妓女聘请建筑师的可能性。

但光鲜职业——电影、体育、音乐、时尚——的驱动机制却并非如此。即便是在出版业、广告业和传媒等二线光鲜行业，也有前赴后继的青年才俊投身于薪酬微薄、需要任劳任怨的工作。在曼哈顿出版社只挣 22 000 美元年薪的编辑助理、不计酬劳的高中生四分卫和时薪只有 3.30 美元的少年毒贩，加入的都是同一性质的竞争。对这种竞争最恰当的比喻就是锦标赛。

锦标赛的规则简单明了，就是你必须从最低级别开始打拼，才有希望晋升到最高级别。（正如棒球大联盟的游击手很可能出身于少年棒球联盟，三K党的大龙头最初也只是一介小卒，大毒枭常常也是从在街头贩毒开始打拼的。）你要心甘情愿地拿着微薄的薪酬，没日没夜地奋斗。为了在锦标赛中晋级，仅仅能力出众是不够的，你要证明自己超群绝伦。（当然，想要脱颖而出，具体方式各行有各行的不同。虽然J. T.肯定会监控手下步兵的销售业绩，但真正重要的却是他们的人格号召力——这一点对他们比对棒球游击手要重要。）最后一点，你一旦不幸发现自己永远不可能出人头地，会退出锦标赛。（有些人——如年华将逝却仍在纽约餐馆做招待的“演员”——坚持的时间比较久，但多半都很快就能醒悟过来。）

J. T.手下的多数步兵一旦明白他们没有晋升机会，很快便不会再甘心卖命了。在相对平静的几年后，J. T.帮派同邻帮卷入了一场地盘争夺战，驾车枪战成了家常便饭。对于步兵——驻扎街头的帮派人员——来说，这种情形尤其危险。由于贩毒买卖的性质使然，他们需要保证顾客能轻而易举地找到他们，如果他们因为其他帮派躲了起来，毒品就卖不出去了。

帮派火并之前，J. T.手下的步兵为了争取晋升的机会，甘愿忍受这种高风险、低报酬的工作。但一名步兵告诉文卡特斯，由于风险增加了，他现在想要一些补偿：“面对现在这个烂摊子，你会愿意在这儿站着吗？你也不愿意，对吧？所以，想让我出来卖命，要拿钱出来啊，哥们儿。多给点儿钱，因为现在他们开打了，这点钱不值得我成天在这儿站着。”

J. T. 并不想开战。首先，由于风险增加，他不得不给步兵涨工资。更加严重的是，帮派火并会影响生意。如果汉堡王和麦当劳为了争夺市场份额打起了价格战，它们可以通过薄利多销来弥补部分降价损失。（而且也不会有人遭到枪杀。）但一旦有帮派火并，毒品销量就会暴跌，因为顾客会忌惮于暴力威胁，不愿出门在大庭广众之下买毒品。从各方面来讲，开战都会让 J. T. 付出高昂的代价。

那他为何还要开战呢？实际上，挑起战争的并不是他，而是他手下的步兵。事实证明，贩毒团伙头目对手下的控制力并不尽如人意，这是因为他们受不同的利益驱使。

对于 J. T. 来说，暴力事件影响手头的生意，他倒是希望自己的手下一枪不发。但对于步兵来说，暴力却有其用处：步兵脱颖而出——并在这种锦标赛上晋级——的少数几种途径之一就是证明其能拼能杀的气概。杀手会令人肃然起敬，成为人人谈论的焦点人物，步兵追求的目标就是为自己打响名头，而 J. T. 的目标实际上却是阻止他们的这种行为。

“我们想告诉这些小孩儿，他们加入的是个正经的组织，”他曾对文卡特斯说，“不能整天打打杀杀的，他们看了那些电影还有别的乱七八糟的东西，以为黑帮就是到处惹事，不是这样的。你得学着按组织规矩来，不能整天打来打去，这影响生意。”

最终，J. T. 打赢了这一仗。在他领导下，帮派扩大了地盘，迎来了繁荣昌盛、相对和平的新时代。J. T. 有成功人士的气质，他之所以能拿到巨额收入，是因为鲜有人能胜任他的职位。他身材高大、仪表堂堂、足智多谋、性格强悍，知道如何调动手下的积极性。此外，他处事机敏，身上从不带枪或现金，以免招来牢狱之灾。帮派其他人还和自己母亲过着一贫如洗的生活，J. T. 却有多处房产、多名情妇和多辆私车。当然，他还接受过商学教育，他无时无刻不在努力扩大自己的优势。正因为如此，他才下令学公司记账，而这些账目最终流入了素德 · 文卡特斯之手。其他帮派连锁店的头目都没有实施过这种措施，J. T. 曾将账本拿给董事会过目，以证明自己高超的生意头脑，但这其实已经无须证明。

这一招奏效了。领导地区帮派 6 年之后，J. T. 被提拔进了董事会，时年仅 34 岁，他已经在这场“锦标赛”中夺魁。但这项“锦标赛”有个隐患是出版业、职业体育乃至好莱坞都没有的，贩毒毕竟是非法勾当，他晋升董事会后不久，“黑色帮匪门徒”便被联邦政府的一纸诉状——让布提将账本交给文卡特斯的那纸诉状——取缔了，J. T. 也因此锒铛入狱。

接下来是另一个令人匪夷所思的问题：强效可卡因与尼龙丝袜有何共同点？

1939 年，杜邦公司首次推出尼龙材料，难以计数的美国妇女觉得这简直是天降奇迹。在此之前，丝袜均为丝制，而丝线易断、成本高且产量日渐减少。至 1941 年，尼龙丝袜的销量已经达到了约 6 400 万双——超过了美国的成年女性人口。并且尼龙袜质优价廉，用起来简直让人上瘾。

杜邦完成了一件所有商人都梦寐以求的壮举：在普罗大众中将高端产品普及开来。在这方面，尼龙丝袜的问世与强效可卡因的问世可谓异曲同工。

20 世纪 70 年代，假如你是瘾君子，可卡因就是无可比拟的上等货。可卡因深受摇滚明星、影星、球员乃至某些政客的追捧，是一种药效强劲、风靡一时的毒品，这种毒品干净、洁白、漂亮。而海洛因会让人萎靡不振，大麻抽起来烟雾缭绕，但可卡因却能让人达到飘然欲仙的状态。

可惜，可卡因价格高昂，药效也不持久。因此，吸食可卡因的人想方设法增加其药效，他们采取的主要手段是精炼可卡因——将氨和乙醚加入可卡因盐酸盐或粉状可卡因，然后加热以释放可卡因“生物碱”。但这个过程存在危险，不少被烧伤的瘾君子可以证明，化学实验最好还是交给化学家去做。

与此同时，全美国或许还有加勒比地区和南美洲的可卡因毒贩和瘾君子都在研究更安全的精炼可卡因技术。他们发现，将粉状可卡因放入锅中与碳酸氢钠和水混合，加热蒸发可以形成可抽吸的小块固体可卡因。因其与碳酸氢钠加热时发出的噼啪声，这种毒品被称作“快克”，此后很快又出现了许多爱称：石块、氪石、奇博比[①]、拼字游戏和爱之药。至20世纪80年代初，这种上等毒品已经可以推而广之了。此时，想让快克在市场上大卖，还欠缺两个条件：大量的未加工可卡因和将新产品推向大众市场的门路。

可卡因原料不难获得，因为快克问世之际恰逢哥伦比亚可卡因供应过剩之时。20世纪70年代末，美国的可卡因尽管纯度有所提高，批发价却骤然下跌。有一人——流亡美国的尼加拉瓜人奥斯卡·丹尼洛·布兰登——涉嫌向美国走私了大量哥伦比亚产可卡因，数量为所有人之首。布兰登与洛杉矶中南区初出茅庐的毒贩有密切的生意来往，因此得名“快克界的苹果籽约翰尼”。布兰登后来声称，他贩卖可卡因是为了给祖国尼加拉瓜的反政府游击队筹款，而该游击队受中情局资助。他常说，是中情局替他在美国撑腰，让他得以自由贩卖可卡因而不受惩罚。直至今日，这一说法仍然让许多人，尤其是城市里的黑人，相信中情局本身才

① 氪石是美国广播剧《超人历险》中出现的一种石头，是超人母星氪星爆炸后的碎片，是超人的弱点之一。奇博比指手抓食物，也是美国的一个狗粮品牌。——译者注

是美国快克买卖猖獗的罪魁祸首。

证明这一说法是真是伪并不在本书的讨论范围之内，可以确定为事实的是，奥斯卡·丹尼洛·布兰登帮助两股势力——哥伦比亚的可卡因走私集团和美国市中心贫民区的毒贩接了头，这改变了美国历史。布兰登之辈将大量的可卡因交于街头帮派之手，让快克势如破竹地横扫美国。“黑色帮匪门徒之国”这样的黑帮再度有了赖以为生的手段。

自城市诞生以来，各种形式的黑帮便相伴而生。在美国，黑帮向来是新入境移民的中转站。20 世纪 20 年代，仅芝加哥一地就有 1 300 多个街头帮派，面向各种道德、政治和犯罪取向的人群。一般而言，这些帮派更擅长生事，而不是生财。某些帮派自诩为商业企业，其中为数不多的几家——尤其是黑手党——确实生财有方（至少对帮派高层确实如此）。但老话说得没错，多数黑帮成员都是蹩脚货色。

在芝加哥，黑人街头帮派尤其如鱼得水。至 20 世纪 70 年代，其成员已达数十万，他们无论是小喽啰还是大佬，都是榨干城市油水的罪魁祸首。问题之一就在于，这些罪犯似乎从来不进监狱。如今回想起来，在美国多数城市，20 世纪六七十年代是犯罪的黄金时期，罪犯被绳之以法的概率非常低——这是自由司法系统和罪犯权益运动的鼎盛时期——导致犯罪不用付出太多代价。

然而，到了 80 年代，法庭开始反其道而行之，罪犯权益受到限制，更加严格的判刑标准付诸实施，被联邦政府绳之以法的芝加哥黑人帮派成员与日俱增。巧的是，他们的狱友中有同哥伦比亚毒贩有密切联系的墨西哥黑帮成员。过去，黑人帮派拿货要通过身为中间人的黑手党——而恰在此时，联邦政府出台了新的反诈骗法，黑手党遭受了连番的打击。但到快克流入芝加哥之时，黑人帮派已经打通了门路，可以直接从哥伦比亚毒贩手中购买可卡因了。

可卡因在贫民区一直销路不畅，因为太贵，但这是快克问世之前的事了。这种新型毒品是收入微薄的街头客户的理想选择。因为配制快克仅需微量的纯可卡因，一剂快克只卖区区几美元。它药效强劲，几秒之内便可到达脑部——而且药效很短，让吸食者意犹未尽。从一开始，快克就注定要大获成功。

要说卖快克，还有谁能比"黑色帮匪门徒之国"这类街头帮派门下成千上万的初级成员更合适呢？贫民区本来就是这些帮派的地盘——房地产其实才是他们的核心业务。而且它们有着相当的威慑力，顾客根本不敢动占便宜的念头。忽然之间，城市里的街头帮派从问题少年俱乐部摇身一变，成了真正的商业企业。

帮派还提供了长期就业的机会，在快克问世之前，想在街头帮派里赚钱谋生几乎是天方夜谭。帮派成员一到了成家立业的年纪，就得退出帮派。到了而立之年还在混黑帮，这在从前是没有的事：要么改邪归正找正经活干，要么已经一命呜呼，要么就是在监狱服刑。但快克一出现，贩毒就成了可以挣大钱的行当，再也没有老一辈改邪归正给年轻人让位，他们开始贪恋原位不肯放手。彼时，传统的终身职业——尤其是工厂职位——越来越少。过去在芝加哥，只要是有点手艺的黑人就可以进工厂工作，且工资尚可。这条路现在走不通了，贩毒就成了更好的选择。能有多难呢？这种药用起来上瘾，白痴都卖得出去。

谁关心贩毒是否像锦标赛一样，只有少数佼佼者能脱颖而出？谁关心这个行当是否危险——站在街头，像麦当劳卖汉堡一样匆匆忙忙、隐姓埋名地贩卖毒品，全然不知你的顾客为何人，担心随时会有人来抓你、抢你钱财或夺你性命？谁关心你的产品是否会让下至12岁的小孩、上至奶奶辈的人无法自拔，除了一次次地嗑药，其他一概不顾？谁关心毒品是否会葬送整个小区？

对于美国黑人来说，在“二战”结束后、快克泛滥之前的40年间，生活一直在稳步改善，甚至常常突飞猛进。尤其在20世纪60年代中期的民权法案确立之后，美国黑人社区终于出现了长久、稳定、明显的社会进步迹象。黑人与白人之间的收入差距日渐缩小，黑人儿童与白人儿童的考试分数之差也在缩小。或许最振奋人心的进步当数婴儿死亡率的下降，直到1964年，黑人婴儿死亡率仍高达白人婴儿死亡率的2倍，而且死因常常是腹泻或肺炎等普通疾病。由于医院实行种族隔离制度，许多黑人患者享受到的医疗服务仅相当于第三世界水平，但由于联邦政府下令取消了医院的种族隔离制度，这一情形发生了改变：仅仅7年间，黑人婴儿死亡率便降低了一半。至20世纪80年代，美国黑人生活的几乎方方面面都在改善，进步的势头毫无终止的苗头。

接着便出现了强效可卡因。

虽然吸食快克并非黑人独有的行为，但快克对黑人社区造成的打击却远超于其他群体，对上述社会进步指标进行评估，便能看出端倪。黑人婴儿死亡率在连续下降数十年后，自20世纪80年代起再度开始攀升，低体重儿和弃婴率也开始上升，黑人与白人学生之间的分数差距开始拉大，入狱的黑人数量增加了2倍。快克有着祸国殃民的力量，假如将其造成的影响平摊到每一名美国黑人——不仅仅是快克吸食者及其家人——头上，得出的结果是，整个群体在战后的进步势头不仅戛然而止，还倒退了10年。继《吉姆·克劳法》之后，强效可卡因对美国黑人造成了又一次无可比拟的巨大打击。

此外还有犯罪的猖獗。仅仅5年间，城市黑人青年的杀人率便翻了两番。忽然之间，芝加哥、圣路易斯或洛杉矶某些地区的生活危险系数赶上了波哥大。

伴随快克泛滥而来的暴力活动不一而足，且屡禁不止。此时正值美国一波范围更广的犯罪高峰期，这波高峰酝酿了已有20年之久。虽然这波犯罪高峰的爆发远早于快克的问世，快克却起到了推波助澜的作用。犯罪学家因此言之凿凿地预测世界将不可救药。詹姆斯·艾伦·福克斯或许算得上是被主流媒体引用最多的犯罪专家，他警告国人，青少年犯罪的猖獗将掀起一场“血雨腥风”。

但福克斯等传统观念传播者却大错特错，所谓的生灵涂炭并未发生。实际上，犯罪率不升反降——其下降之势出人意料、突如其来，且全面彻底，以至几年后的如今，我们几乎无法记起那些犯罪猖獗、人心惶惶的日子。

犯罪率为何会下降?

原因有几个，但其中之一最为不可思议。绰号“快克界的苹果籽约翰尼”的奥斯卡·丹尼洛·布兰登或许是引发一系列连锁效应的罪魁祸首，他以一己之力，在无意间造成了民不聊生的局面。但鲜为人知的是，另一种势不可当的连锁效应——效果与前者恰恰相反——此时刚刚开始抬头。

第四章

罪犯都去哪儿了？

1966 年，尼古拉 · 齐奥塞斯库在就任罗马尼亚共产党总书记一年后，宣布堕胎违法。

“胎儿是全社会的财产，”他宣布，“逃避生育者都是置国家存亡大业于不顾的叛徒。”

这种华而不实的言论在齐奥塞斯库执政期间司空见惯，因为他的总体计划就是一场追求华而不实的运动。他为自己兴建宫殿，残酷地剥削自己的人民，对其疾苦视而不见。他抑农重工，强迫大批的农村居民搬入没有供暖的公寓楼。他任人唯亲，为 40 名亲属安排政府职务，包括其妻埃列娜。她要求得到行宫 40 座以及数量相当的毛皮和珠宝。齐奥塞斯库夫人虽被正式封为“罗马尼亚所能拥有的最伟大母亲”，却不能母仪天下。

“这些寄生虫贪得无厌，给他们多少食物都不满足。”面对由于其夫执政不力而导致的罗马尼亚食物短缺，民怨四起，她居然对自己的人民说出这样的话。她甚至派人监听自己的子女，以保证他们忠贞不贰。

齐奥塞斯库想通过下达堕胎禁令实现他的宏伟目标之一：通过促进人口增长，迅速增强罗马尼亚的实力。1966 年之前，罗马尼亚是全世界堕胎政策最宽松的国家之一。实际上，堕胎曾是该国的主要节育手段，堕胎与婴儿出生比例为 4 :1。此时，堕胎几乎在一夜之间遭到了禁止，唯一的例外是已经育有 4 个子女的母亲或在政府身居要职的女性。与此同时，所有的避孕措施和性教育均遭取缔。被戏称为“经期警察”的政府特工定期到各个工作场所将女工集合起来验孕，如屡次被检测为未受孕，则要被迫支付高额的“独身税”。

齐奥塞斯库的行政措施取得了预期的效果，堕胎禁令出台后不到一年，罗马尼亚的生育率便翻了一番。然而这个国家已经民不聊生，这些新生儿童也沦落到了更加不堪的境地。在各项可测指标上，堕胎禁令生效后的这一代罗马尼亚儿童均落后于前一年降生的儿童：他们的学习成绩更差，日后在劳工市场上获得的机会更少，走上犯罪道路的概率也更高。

直到齐奥塞斯库下台，堕胎禁令才被终止。1989 年 12 月 16 日，数千名群众涌上蒂米什瓦拉街头，抗议腐败的政权，其中许多抗议者都是青少年和大学生，其间警察打死了数十名抗议者。

一名反对派领袖，同时也是一位 41 岁的教授，事后曾说，是他 13 岁的女儿央求他克服恐惧参加抗议活动的。

“最发人深省的一点是，我们从孩子身上，学会了克服恐惧，”他说，“他们多数年仅 13~20 岁。”

蒂米什瓦拉大屠杀过去几天后，齐奥塞斯库在布加勒斯特，面对着十万名群众发表演说，然而年轻人再次出动，他们齐声高吼：

“蒂米什瓦拉！”

“打倒杀人犯！”

喊声淹没了齐奥塞斯库的声音。

他大限已至。他和埃列娜企图携带 10 亿美元潜逃国外，却遭到逮捕，经简单审判，他们在当年圣诞节被刑决。

在苏联解体前后的几年中，许多共产党领袖纷纷被推翻，而尼古拉·齐奥塞斯库是唯一一个落得惨死下场的人。但请注意，让他突然垮台的主力军是罗马尼亚的年轻人——若非他颁布了堕胎禁令，这些年轻人有不少根本没机会降生。

用罗马尼亚堕胎史作为开头，讲述美国 20 世纪 90 年代的犯罪史，这似乎有些驴唇不对马嘴，但二者却存在着某种内在的关联性。就某个重要方面而言，这段罗马尼亚堕胎史与美国犯罪史恰好犹如硬币的正反面，二者的重合点就是 1989 年圣诞节。尼古拉·齐奥塞斯库在那一天付出了惨重代价——遭到枪毙——才明白，他的堕胎禁令有着远远超乎其意料的深刻影响。

在那一天，美国的犯罪率达到了峰值。而在此前的15年间，暴力犯罪率上升了80%，犯罪成了晚间新闻和全国街谈巷议的焦点。

20世纪90年代初，美国的犯罪率才开始下降，其下降速度之快、之突然，出乎所有人的意料。但是，有的专家对犯罪率继续攀升之势仍然深信不疑，直到多年后，他们才肯承认它确有下降。实际上，犯罪率由升转降多年后，还有专家在固执地预测前景会更加黯淡，但下降的迹象已经确凿无疑：犯罪率长期暴涨的趋势戛然而止，转而开始持续下降，最后一路跌落到了40年前的水平。

此时，专家才开始忙不迭地为自己的错误预测开脱。犯罪学家詹姆斯·艾伦·福克斯解释称，他预言会有一场“血雨腥风”，这是他有意在夸大其词。

“我从未说过会血流成河，”他说，“但我用‘血雨腥风’这种语气强烈的措辞，是为了引起人们的关注，而且这确实起到了效果。我不会为自己用了警世之词而道歉。”

如果说福克斯是在强词夺理——说“血雨腥风”与“血流成河”不同——我们应该记住，即便是在为自己打圆场的时候，专家也不会忘记照顾一己私利。

随着人们打心底里宽下心来，脑子里想着无须因犯罪猖獗而担惊受怕的日子里如何生活，但一个自然而然的问题由此产生——罪犯究竟去哪儿了？

从某个层面看，答案似乎令人百思不得其解。毕竟，犯罪学家、警察、经济学家、政客等以研究此类问题为职业的专家都无一人预见到犯罪率的下降，他们又怎能忽然之间找出原因所在呢？

但这群来自各行各业的专家，此时又提出了层出不穷的假说，以解释犯罪率的下降问题。报纸上刊登了大量有关此话题的文章，其结论常常取决于哪名专家最近接受了哪名记者的采访，请看表 4–1。

表 4–1　1991—2001 年 10 家发行量最大的报纸引用的犯罪率下降原因

犯罪率下降原因	引用次数
1. 新型治安策略	52
2. 入狱率增加	47
3. 快克等毒品市场的波动	33
4. 人口老龄化	32
5. 更加严格的枪支管制法	32
6. 经济繁荣	28
7. 警力扩充	26
8. 其他原因（死刑执行率上升、藏匿武器法、枪支回购等等）	34

数据来源：律商联讯[①]

① 律商联讯，提供法律、商业信息检索和风险解决服务的公司。——译者注

如果你喜欢猜谜，接下来你可能会思考以上哪些原因有道理，哪些纯属无稽之谈。表中的 7 个主要原因，经证明只有 3 个对犯罪率的下降确有影响，其他多为某些人异想天开、谋取私利或一厢情愿的说辞。而且，造成犯罪率下降的几大可测因素中，有一条根本不在上表之中，因为报纸上从未提及。

首先来看争议较少的一点：经济繁荣。20 世纪 90 年代初，犯罪率下滑的同时，美国经济也开始腾飞，失业率显著下降。似乎可以依此推断，经济发展是预防犯罪的一把利器。但仔细观察，就会发现这一说法站不住脚。诚然，就业市场的好转或许会减少部分犯罪发生的概率，但这仅限于那些出于物质诱惑的犯罪——盗窃、抢劫等，谋杀等暴力犯罪则不然。此外，研究表明，失业率下降 1%，非暴力犯罪同样下降 1%。20 世纪 90 年代，失业率下降了 2%，同期非暴力犯罪率却下降了约 40%。但经济繁荣理论依然存在着大漏洞，而且这一漏洞与暴力犯罪有关。90 年代，凶杀案发率的下降速度位居各类犯罪之首，而大量的可靠研究表明，经济繁荣与暴力犯罪之间几乎毫无关联，而回顾 20 世纪 60 年代的数据，你会发现这种牵强附会的关联更显得毫无根据。60 年代，美国经济经历了井喷式的增长，但暴力犯罪率也陡然上涨。因此，虽然乍看起来，90 年代的经济繁荣似乎构成了犯罪率下降的一大因素，但实际上，其对犯罪行为的影响微乎其微。

现在来看导致犯罪率下降的另一因素：入狱率增加。有关犯罪的问题，先反过来问或许会有所帮助，先不要想犯罪率因何下降，而是思考为何犯罪率当初会大幅上涨?

20 世纪上半叶，美国多数地区的暴力犯罪案发率相对稳定，但自 60 年代初，暴力犯罪率开始攀升。如今回想起来，助长这一势头的一大因素就是相对宽松的司法体系。60 年代，判刑率出现下降，判处罪犯的刑期也较短，这一情况的推动因素之一就是被告权利的改善——有人说，这种改善措施姗姗来迟。(也有人说，这些改善措施太过冒进。)与此同时，政客对待犯罪的态度日渐温和。

“唯恐自己被曲解为种族主义者，”正如经济学家加里·贝克尔所写，“因为重罪犯中，非裔美国人和拉丁裔美国人的比例过高。”

因此，假如你是当时那些企图犯罪的人，种种因素都对你十分有利：遭判刑的概率相对较低；即便被判刑，刑期也较短。由于罪犯也和普罗大众一样易受利益驱使，结果就是犯罪率的激增。

随后相当长的一段时期，经过多次的政治风波，这些现象终于得到了遏制，原先逍遥法外的罪犯——尤其是涉毒和假释撤销的罪犯——此后被收押。1980—2000 年，因贩毒入狱的人数上涨了 15 倍，刑期也延长了。至 2000 年，入狱人数超过了 200 万人，约为 1972 年的 4 倍，这其中，有一半犯罪是在 90 年代发生的。

有充足的证据证明，入狱率上涨与犯罪率下降确有关联，严苛的监禁判罚既能对流窜街头的企图犯罪者起到震慑作用，又能对已经关押在刑、有再犯企图之人起到预防作用。这听起来顺理成章，但仍有犯罪学家表示反对。1977 年，一项名为“支持停建监狱”的研究发现，入狱率偏高的时候，犯罪率也偏高。研究者因此推断，假如入狱率降低，犯罪率也会下降。（所幸监狱并未立即大赦天下，坐等犯罪率自行下降。政治学家小约翰 · J. 迪卢利奥后来评论道：“显然，将危险罪犯关进监狱可以降低犯罪率这种说法，只有犯罪学博士才会怀疑。”）

这种“停建”的观点源于对相关关系和因果关系的根本混淆。以一个类似的观点为例，某市市长看到该市棒球队在世界大赛中夺魁，举市欢庆，然而其中的关联令他心生好奇。但就像“停建”观点的作者一样，他没能看出二者在这种关联中孰先孰后，因此在第二年，市长下令让市民在世界大赛开球前就开始庆祝——他逻辑不清的思维推断，这种行为能确保胜利。

当然，也有反对提高入狱率的，原因很多，并非所有人都乐于见到为数不少的美国人——尤其是美国黑人——过着铁窗生涯，监狱也不是根治犯罪之策，犯罪的根源形形色色、错综复杂。重要的是，监狱这种解决方案耗资不菲：监禁一人每年的花费约为 25 000 美元。但如果说此处的目的仅为解释 90 年代犯罪率下降的原因，入狱率上升无疑是重要原因之一，因为犯罪率的下降的约有 1/3 可归功于这一因素。

犯罪率下降的另一个原因常与入狱率一同提及，那就是死刑执行率的上升。20 世纪八九十年代，美国死刑数量翻了两番，在就此问题数十年争执不下的背景下，不少人因此推断：死刑有助于减少犯罪。然而，这场争论忽视了两个重要事实。

首先，由于美国实际执行的死刑案例非常罕见，且候刑时间很长，但凡有点头脑的罪犯都不会因为害怕被处死刑而收手。尽管死刑数量在 10 年内翻了两番，但 20 世纪 90 年代全美国的死刑数量也仅有 478 例，他们都明白真正惩前毖后的措施与吓唬人的空话之间是有区别的。例如，自 1995 年恢复死刑至笔者写这本书的时候，纽约州从未执行过一例死刑。即便是在死刑犯中，每年遭到处决的也仅占 2%。而与之相比，“黑色帮匪门徒之国”每年有 7% 的成员被杀。如果等待处决甚至比混迹街头安全，很难相信死刑会为罪犯所忌惮，进而成为让他们有所收敛的理由。和以色列海法市托儿所对迟到家长征收的 3 美元罚款措施同理，死刑的负向作用也不足以让罪犯改邪归正。

其次，姑且假设死刑确实能起到威慑作用，试问这种威慑作用对减少犯罪有多少实际影响？ 1975 年，经济学家艾萨克 · 埃利希发表过一篇引用率颇高的论文，提出了公认的相对乐观的估计：每处死 1 名罪犯，可以防止 7 起类似凶杀案。接下来我们来计算一下，1991 年，美国共执行死刑 14 例，2001 年为 66 例，根据埃利希的计算，2001 年死刑增加了 52 例，可减少 364 起杀人案——这样的下降幅度自然不小，但仅占当年凶杀案实际降幅的不到 4%。因此，即便按死刑支持者所估计的最乐观情况计算，死刑对 90 年代凶杀案发率下降所起到的作用也仅为 1/25。而除了凶杀案，因其他罪名被判处死刑的案例非常罕见，所以死刑的威慑力对其他暴力犯罪的下降毫无作用。

因此，美国目前实行的死刑制度对犯罪率下降有任何实际影响的可能性微乎其微，就连不少此前支持死刑的人也得出了这个结论。

“出于道义和理智，我自觉有义务承认，死刑实验业已失败，”曾于 1992 年投票支持恢复死刑的美国最高法院大法官哈里 · A. 布莱克门在两年后宣布，“我将退出死刑制度的研究。”

综上分析可知，导致犯罪率下降的并非死刑，也非经济繁荣，但入狱率增加确实与之大有关联。当然，罪犯不会乖乖自首就范，得有人调查案情、抓捕嫌犯、搜集证据，最终确保犯人罪名成立。这自然引出了与此相关的另两个犯罪率下降原因：

新型治安策略

警力扩充

首先来看第二点，20 世纪 90 年代，美国的人均警察数上升了约 14%。然而，仅仅扩充警力是否就能起到减少犯罪的作用？答案显然是肯定的，但加以证明却并非易事。这是因为犯罪率一旦上升，民众就会大声疾呼，要求加强保护措施，这必然会导致警方的经费随之增加。因此，假如单看警力与犯罪率之间的相关关系，你会发现，警力增加时，犯罪率也会上涨，当然，这并不是说增加警力导致了犯罪率的上涨。

为了找出孰因孰果，我们需要研究出于和犯罪率上升完全无关的原因而扩充警力的案例。例如，假如有随机选取城市扩充警力而其他城市警力不变的情况，我们便可查出扩充警力的城市是否有犯罪率降低的现象。

事实上，急于拉选票的政客常常会造成完全合乎上述条件的情况。在选举前几个月，就算当时的犯罪率并无变化，现任市长也常常会扩充警力，以拉拢对维护法律与秩序予以支持的人们的选票。因此，对比近期有过选举（且因此而扩充了警力）的城市组与近期无选举（且因此未扩充警力）的城市组之间的犯罪率差别，即有可能分析出警力扩充对犯罪率的影响。答案是确有影响，扩充警力大幅降低了犯罪率。

在此重新回顾并分析当初犯罪率剧增的原因，或许会有助于理解其中的内在关联。1960—1985 年，相较于犯罪数量，警员人数下降了 50% 以上。人们或认为扩充警力有悖于彼时的自由主义风尚，或仅仅认为扩充警力耗资不菲。然而，警力缩减了 50%，导致罪犯被抓的概率也下降了约50%，加之前文提及的相对宽松的司法体系，警力缩减对罪犯形成了强大的正向激励。

至20世纪90年代，形势发生了变化，随着治安发展趋势发生了逆转，全国各个城市都开始大规模招募警员。新增警力不仅可以起到威慑作用，还可以增加人手，将原本逍遥法外的罪犯逮捕归案，90年代犯罪率的下降约有10%要归功于新增的警力。

但在90年代，发生变化的不仅是警员人数，还有现在看来所有犯罪率下降原因中引用率最高的新型治安策略。

或许，最让人信服的解释就数新型治安策略可以遏制犯罪这一说法了，它塑造了许多名副其实的英雄，而非仅仅将原因归为坏蛋的销声匿迹。它迅速为人们所信奉，因为它有两个要素，在约翰·肯尼思·加尔布雷思看来，这两点是导致传统观念形成的最大因素：易于理解以及与个人福祉息息相关。

新型治安策略在纽约市得到了最淋漓尽致的体现。彼时，新上任的市长鲁道夫·朱利亚尼及其亲手提拔的警察局长威廉·布拉顿立誓要解决纽约犯罪猖獗的问题。布拉顿采取了别出心裁的治安策略，一名警局高官后来回忆道，是他将纽约市警察局引入了“雅典时代”。新的思路得到重用，墨守成规的做法遭到废弃。布拉顿没有姑息纵容警区指挥官，而是要求他们各负其责。他没有一味地依陈旧的从警经验行事，而是引入了新科技，如CompStat这种检测犯罪高发地区的计算机技术。

由布拉顿发扬光大的最引人注目的一个新思路来自詹姆斯·Q.威尔逊和乔治·凯林提出的破窗理论。该理论认为，小问题如果放任不管，就会演变成大问题：假如有人打破了一扇窗户，却发现窗户没有立即得到修缮，他会因此认为打碎其他窗户也没什么大不了的，甚至还会将整栋楼付之一炬。

因此，在各地凶杀案频发的情况下，比尔·布拉顿[①]手下的警察开始对从前会网开一面的违法行为——翻越地铁闸门、太过火的乞讨行为、随地小便、用脏兮兮的刮板擦汽车的挡风玻璃——进行严管并强制征收一定数额的“捐款”。

这种严打措施本身有其优点，因而在纽约市民中间广受拥护。令他们尤其受用的，是布拉顿和朱利亚尼极力推崇的观念，即打击小偷小摸的行为可以防微杜渐，如同切断了犯罪分子的退路，今日翻越地铁闸门的人很可能就是昨日害人性命的通缉犯，在小巷里随地小便的瘾君子很可能正在去抢劫的路上。

随着暴力犯罪率开始大幅下滑，纽约市民开始欢欣鼓舞地吹捧他们的市长和警察局长。他们一个举止浮夸、成长于布鲁克林区，一个脸型瘦削、说话带有浓重的波士顿口音，但两人都喜欢一意孤行，并不善于分享荣誉。纽约犯罪率的好转让布拉顿，而非朱利亚尼，登上了《时代》杂志的封面。但此后不久，布拉顿

---

① 比尔是威廉的昵称形式。——译者注

便被迫辞职，他担任警察局长一职的时间仅为27个月。

在20世纪90年代犯罪率下降时期，纽约市确实实行了标新立异的治安策略，且其犯罪率下降幅度也位居美国各大城市之首。1990—2000年，纽约的凶杀案发率从每100 000人30.7起下降到了每100 000人8.4起，下降幅度为73.6%。但对事实进行详细分析之后，结果显示新型治安策略很可能对犯罪率的大幅下降毫无影响。

首先，纽约市犯罪率的下降始于1990年，至1993年底，财产犯罪率和暴力犯罪率，包括凶杀案发率，已经下降了近20%。而鲁道夫·朱利亚尼直到1994年初才就任市长并提拔布拉顿，在两人上任之前，犯罪率已经出现了下降之势。在布拉顿黯然下台后，犯罪率仍然长期保持下降态势。

其次，在推行新型治安策略的同时，警力规模经历了更为显著的变化：无度扩张。1991—2001年，纽约市警察局规模扩大了45%，这一增幅是全国平均水平的3倍。正如前文所述，无论是否推行了新型策略，警力扩充对犯罪率下降的作用都已经得到了证明。据保守计算，相较于全国平均水平，纽约市犯罪率的下降有18%可归功于警力的大幅扩充，如将这18%的降幅从纽约市凶杀案发率总降幅中扣除掉，即排除警力扩充的影响，纽约就无法以73.6%的下降幅度在全美遥遥领先了，而是下降到了中游水平。实际上，新增警力多由戴维·丁金斯招募，而他正是被朱利亚尼击败的前任市长。丁金斯一直在千方百计地争取对维护法律与秩序予以支持的拥护者的选票，因为他早已料到对手会是前任联邦检察官朱利亚尼。（两人 4 年前便交过一次手了。）想将犯罪率下降归功于朱利亚尼的人仍然可以这样做，因为丁金斯之所以扩充警力，正是出于对朱利亚尼维护法律与秩序之名的忌惮。当然，到头来，扩充警力带来了皆大欢喜的结果——但朱利亚尼尝到的甜头显然多于丁金斯。

纽约市的新型治安策略大幅降低了犯罪率，持这种说法的最大漏洞，是一个人们常常视而不见的简单事实：20 世纪 90 年代全美各地的犯罪率都有所下降，这种现象不仅限于纽约。其他城市几乎都没有试行过纽约推行的策略，起码没有哪座城市像纽约这样热情高涨，但即便是在洛杉矶这种因治安混乱而臭名昭著的城市，排除掉纽约警力扩充的影响后，其犯罪率下降幅度也与纽约不相上下。

当然，说新型的治安策略一无是处，未免有些过分。布拉顿让纽约市警局重振雄风，这自然值得一书，但几无证据能证明其策略确实像他本人和媒体宣传的那样是打击犯罪的灵丹妙药。2002 年底，布拉顿在洛杉矶就任警察局长，他适当照搬了在纽约推行过的某些标志性的创新策略，却也公开承认，当务之急还是更为基础的措施：筹集资金，扩充警力。

接下来我们探讨另两个常见的犯罪率下降原因：

更加严格的枪支管制法

快克等毒品市场的波动

先说枪支，一旦对此话题展开辩论，很少有人能平心静气。枪支支持者认为枪支管制法过于严格，反对者则认为过于宽松。何以想法如此不同？因为枪支引发一系列复杂的问题，而这全部取决于一个因素：手握枪支的人是谁。

或许可以退一步思考：枪为何物？枪是可以用于杀人的工具，但更重要的，枪是可以有效扰乱社会秩序的东西。

美国枪支泛滥成灾，如果你给每名成人发一把枪，最后剩下的，只会是枪，而不是没分到枪的人。美国近 2/3 的凶杀案都牵涉枪支，这一比例位居各发达国家之首。美国的凶杀案发率也远高于其他发达国家。因此，可以说美国凶杀案发率居高不下的原因之一，就是枪支唾手可得。而有研究表明，情况也的确如此。

但枪支并非全部原因，在瑞典，每名成年男性都会配发一支突击步枪，以方便其履行民兵义务，且枪支可以留在家里。瑞典的人均枪支拥有数量几乎位居世界各国之首，但瑞典却是全世界最安全的国家之一，换言之，枪支不会造成犯罪。所以，美国为防止确有犯罪行迹之人得到枪支所实行的现行措施，至多只能说是收效甚微。而且由于枪支基本上可以永久保存，即便掐断新枪支流入市场的源头，现有的枪支也用之不尽。

那么，将所有这些因素考虑在内，我们再来看近期各种有关枪支的措施，分析这些措施对20世纪90年代的犯罪率究竟有何影响。

最著名的枪支管制法为1993年通过的《布雷迪法案》。该法案规定，任何人购买枪支，均须接受前科调查并等待一段时间。这一方案或许正中政客的下怀，但在经济学家看来，却意义不大。为什么？因为如果某种商品的黑市销售异常繁荣，合法市场的某些规定便注定毫无效果。枪支价格低廉、唾手可得，正常的罪犯根本不必去本地的枪械商店填购枪申请表，然后再等上一个星期。因此，事实证明《布雷迪法案》对犯罪率的下降几乎毫无作用。（一项针对入狱重犯的调查显示，就算是在《布雷迪法案》出台之前，通过特许枪支经销商购买枪支的罪犯也仅有1/5。）而且，各类地方性枪支管制法也以失败告终。早在20世纪90年代美国犯罪率开始下降之前，华盛顿特区和芝加哥便实行了手枪禁令，但两座城市的犯罪率下降幅度在全国却排名靠后，而非靠前。有一项措施经证明确实有一定威慑作用，即严格延长持有非法枪支者的刑期，但改进的空间还很大。如果只要持有非法枪支就会被判死刑，且死刑确实会被执行，这种事虽然并无可能成真，但枪击事件一定会大幅减少。

20世纪90年代打击犯罪的另一大措施以及晚间新闻的一大主题是枪支回购，各位应该还记得那个画面：市长、警察局长和小区里的活动家围着一堆气势骇人、闪闪发光的枪支。这个画面的摆拍构图不错，但和枪支回购本身一样实际意义不大，因为上缴的枪支多为老古董或废旧枪支，而上缴所得——通常为 50 美元或 100 美元，加利福尼亚州提供的是 3 个小时的免费心理治疗——又微不足道，但凡是真有意用枪的人，都不会响应这点儿诱惑。而且，上缴枪支的数目甚至不及同期流入市场的新枪。以美国的手枪总数和每年的凶杀案总数计算，一把枪每年被用于杀人的概率为万分之一。枪支回购通常收缴不到 1 000 把枪——每次回购预计仅可减少不到 1/10 起杀人案。也就是说，这并不足以对犯罪率的下降产生一丝一毫的影响。

接下来是与之相反的观点——我们需要更多的枪流入街头，但要落到好人的手中。经济学家小约翰 · R. 洛特是这一观点的主要支持者，他在《增加枪支，减少犯罪》一书中提出，如奉公守法的公民可隐蔽携带武器，其所在地区的暴力犯罪率则会有所下降。他的理论或许出人意料，但有一定的道理，假如罪犯认为潜在的受害者可能有枪，他或许会有所忌惮，不敢行凶。枪支反对者称洛特为偏激的枪支支持者，而洛特本人却任由自己陷入枪支论战的旋涡中，他还曾化名为“玛丽 · 罗什”，在网络论战中为自己的理论辩护，因此引来了更多的麻烦。罗什自称是洛特教过的学生，称赞他学识渊博、魅力非凡。

“我必须要说，他是我遇到过的最好的教授，”她写道，“你听他讲课根本听不出他是‘右翼’理论家……我们有群学生想把他教的课都选了。洛特最后不得不劝我们最好听一听其他教授的课，以接触一下其他授课方式。”

洛特的麻烦事不止如此，还有人指责他捏造了部分调查数据，以支撑他的“增加枪支，减少犯罪”理论。无论数据是真是假，洛特的假说虽然确实耐人寻味，却似乎并非事实。其他学者曾试图再现其实验结果，却发现携枪权利法对犯罪率的下降并无作用。

现在来看犯罪率下降的下一个原因：快克等毒品市场的波动。强效可卡因药力强劲、容易成瘾，几乎在一夜之间便形成了利润可观的市场。诚然，只有贩毒团伙的头目因此而暴富，但这只会令街头毒贩更加不顾一切地想往上爬，其中不少人甘愿为此杀死竞争对手，甚至不管对手为同一帮派还是另一帮派，还有人会为了争夺有利的贩毒地点而爆发枪战。快克引发的人命案通常是（2~3 名）毒贩之间的互相残杀，而非传统观念所设想的案情——某个眼球突出的瘾君子为了区区几块钱而开枪打死了商店老板。结果，暴力犯罪率大幅上升。

一项研究发现，1988 年，纽约市 25% 以上的凶杀案都和快克有关。

1991 年左右，与快克有关的暴力活动开始减少，许多人因此认为，快克已经不复存在。但事实并非如此，时至今日，吸食快克的普遍程度仍然会出乎多数人的意料，美国仍有近 5% 的拘留犯人与可卡因有关（在快克泛滥的黄金期，则有 6%），因吸食快克而被送到急诊室的患者也未见明显减少。

真正不复存在的是卖快克带来的巨额利润。多年来，可卡因的价格一路下滑，快克的逐渐普及，进一步加剧了其价格走低的趋势，而毒贩之间打起的价格战，更让利润消失殆尽。快克泡沫像纳斯达克泡沫最终的结局一样，顷刻破灭。随着老一辈毒贩莫不落得被杀或入狱的下场，年青一代的毒贩认为贩毒利润微薄，不值得冒这样的风险为争夺贩毒地盘而谋人性命，甚至豁出命去。

因此，暴力活动日渐减少，1991—2001 年，黑人男青年——在快克毒贩群体中占有极高比例——犯下的凶杀案发率下降了 48%，而老年黑人男性和老年白人男性犯下的凶杀案发率分别仅下降了 30%。（导致凶杀案发率下降的一个次要因素是，部分毒贩选择开枪打伤对手的臀部，而非一枪毙命。这种暴力伤人行为会被认定为羞辱对方，而非谋杀，因此相应的处罚也明显较轻。）综上所述，20 世纪 90 年代犯罪率的下降有约 15% 可归功于快克等毒品市场的波动——这确实构成了一个重要因素。但应当注意的是，在 20 世纪 80 年代，因快克造成的犯罪率上涨幅度远远不止 15%。换言之，两相抵消后，快克对暴力犯罪造成的影响时至今日仍未消除，而且这种毒品本身仍然是许多不幸的根源。

犯罪率下降的最后两个原因和人口统计学的两个趋势有关，其中一点媒体引用率颇高：人口老龄化。

若非犯罪率出现了大幅下降，根本无人会提及这种理论。实际上，提出“血雨腥风”的犯罪学流派原本宣扬的是完全相反的理论——人口中的青少年比例会逐渐增加，大批超级猎手会因此诞生，令整个国家千疮百孔。

“天边阴云密布，狂风暴雨即将袭来，”詹姆斯 · Q. 威尔逊在 1995 年写道：“人口将再次开始呈现低龄化趋势……准备迎接吧。”

但总体而言，青少年所占的人口比例并未上升。威尔逊和詹姆斯 · 艾伦 · 福克斯严重误读了人口统计数据。20 世纪 90 年代人口比例确有增加的实际上是老年群体。这对医疗和社会保障行业来说，或许是骇人的消息，但普通美国人却无须担心日益扩大的老年人群体。老年人的犯罪意图不高，这一点想必不足为奇。65 岁老年人的平均被捕率仅为青少年的 1/50 左右。正因如此，人口老龄化导致犯罪率下降的理论听起来才如此顺理成章、令人信服：因为人年纪大了，性格便会平和温顺起来，所以老年人越多，就必然会导致犯罪越来越少。

但对数据进行彻底的分析就会发现，美国人口老龄化对 20 世纪 90 年代犯罪率的下降毫无影响。人口结构的变化是一个缓慢渐进、不易察觉的过程——你不可能在短短几年间就从乳臭未干的小混混长成老年人，这根本不可能构成犯罪率骤降的原因。

然而，另一个人口结构变化，在多年的酝酿之后，却出其不意地在 20 世纪 90 年代大大降低了犯罪率。

先简要回顾一下 1966 年的罗马尼亚。尼古拉 · 齐奥塞斯库突然之间毫无预兆地宣布堕胎违法。然而，堕胎禁令生效后出生的儿童比此前出生的儿童更有可能走上犯罪道路。对 20 世纪 30 年代至 60 年代东欧地区和斯堪的纳维亚半岛的调查也显示出了类似趋势。为何会如此呢？在其中多数情况下，堕胎并未遭到彻底禁止，但女性须向法官申请许可才可堕胎。研究人员发现，女性的堕胎申请如果被拒，她们常常会对自己的孩子心生怨恨，无法提供健康的家庭环境。即便排除掉母亲收入、年龄、受教育水平和健康状况的影响，研究人员仍然发现，这些儿童走上犯罪道路的概率更高。

美国的堕胎史却与欧洲恰恰相反。美国建国之初，“胎动”之前的堕胎是允许的。1828 年，纽约成了首个限制堕胎的州，至 1900 年，堕胎已经在美国全境被宣布为非法。20 世纪的堕胎手术常常危险性高且要价不菲，因此选择堕胎的贫困女性较少，但她们可用的节育措施也较少，自然而然地，她们只能生成群的孩子。

20 世纪 60 年代晚期，部分州开始允许女性在某些极端情况下——强奸、乱伦或生育可能危及母亲——选择堕胎。至 1970 年，已有 5 个州实现了堕胎完全合法化及普及，分别是纽约、加利福尼亚、华盛顿、阿拉斯加和夏威夷。1973 年 1 月 22 日，美国最高法院宣判“罗诉韦德案”结果后，堕胎合法化突然普及美国全境。如大法官哈里·布莱克门所写的，法庭的多数意见特别提到了准妈妈们的尴尬处境：

> 如果完全剥夺孕妇的堕胎权利，国家强加于她们的伤害是显而易见的……怀孕或多余的子女会令女性被迫过上不幸的生活，面临悲惨的未来。这可能会立即造成精神伤害，心理及身体健康也可能会因照料儿童而受到损害。将所有相关方考虑在内的话，这计划外的儿童也会面临不幸的生活，而且如家庭本身因心理或其他原因本已无力抚养子女，让儿童出生在这样的家庭也是有问题的。

最高法院提出的意见是罗马尼亚和斯堪的纳维亚半岛等地的母亲早已明白的道理，就是一名妇女若是不想要孩子，通常是有充分理由的：她或是未婚先孕；或是婚姻不幸；或是自认为手头拮据，无力抚养孩子；或是认为自己生活漂泊不定、郁郁寡欢；或是认为自己的酒瘾或毒瘾会影响婴儿健康；或是认为自己年纪太轻或尚未完成学业，她也可能很想要孩子，但要等几年，而不是现在。总之原因多种多样，而无论是何原因，她可能都自认无法提供合适的家庭环境，难以培养出身心健康、有所作为的子女。

“罗诉韦德案”宣判后的第一年，美国约有 750 000 名妇女接受了堕胎手术（堕胎与婴儿出生比例为 1∶4）。至 1980 年，堕胎数已达到160万（堕胎与婴儿出生比例为1：2.25），并从此维持在这一水平上下。美国总人口为2.25亿，每年有160万例堕胎手术——堕胎数与人口比例为1：140，这一数字或许并不算高。尼古拉·齐奥塞斯库死后第一年，罗马尼亚恢复了堕胎合法化，当年的堕胎数与人口比例为1：22。但话说回来，美国每年仍有160万人次的怀孕妇女忽然抛弃了腹中的胎儿。

“罗诉韦德案”之前，既有门路又有钱做安全的非法堕胎手术的人多为中产阶级或上层阶级家庭出生的女孩。这之后，堕胎不再是要价高达500美元的非法手术，而是所有妇女都唾手可得的，价格通常还不到100美元。

哪些女性最有可能成为“罗诉韦德案”的受益者？她们往往未婚先孕、未成年怀孕或穷困潦倒，有时是三者皆有。她们的孩子可能会有什么样的未来？一项研究表明，堕胎合法化后最初几年里那些未出世儿童如果出生，生活贫困的概率要比平均水平高50%，在单亲家庭长大的概率则要高60%。这两大因素——幼年贫困和单亲家庭——是导致儿童走上犯罪道路的最大诱因。成长于单亲家庭会令儿童的犯罪倾向增加一倍左右，出生时母亲未成年也会造成同样的影响。另一项研究表明，母亲受教育水平低下是导致儿童犯罪的最大因素。

换言之，让数百万美国妇女选择堕胎的因素似乎同样也预示着，她们的孩子假如真的出生，会过上不幸的生活，甚至走上犯罪道路。

诚然，美国实现堕胎合法化带来了各种各样的结果：杀婴案大幅减少；奉子成婚以及待收养婴儿的数目也大幅下降（后者导致收养外国婴儿的做法风靡起来）；怀孕率上升了近30%，但生育率却下降了6%。这说明不少妇女将堕胎当作节育手段，这成了一种粗暴而极端的保险措施。

然而，堕胎合法化造成的最大影响或许在多年后才显现出来，即其对犯罪的影响。20世纪90年代初，出生于“罗诉韦德案”后的第一代儿童到了十八九岁的年纪——这正是年轻人违法犯罪的高发年龄，但犯罪率却开始下降。当然，这一代恰好少了那批最有可能成为罪犯的同辈。随着整一代人成年，由于那些母亲不打算要的小孩没有出世，犯罪率持续下降。堕胎合法化减少了意外怀孕的生育率，而意外怀孕生育导致犯罪率居高不下。因此，堕胎合法化导致了犯罪率的下降。

这一理论势必会引起轩然大波，人们或会难以置信，或会嗤之以鼻，甚至同时还会招来一系列的口诛笔伐、闲言碎语或道义谴责。对这一理论的头一个反对意见多半会是最直截了当的一个：这个理论是对是错？或许堕胎和犯罪仅仅存在相关关系，而不存在因果关系。

报纸上的言论听起来或许更加顺耳：犯罪率的下降要归功于新型的治安策略、灵活的枪支管制和良好的经济形势。我们越来越习惯于从我们触手可及的事物上寻找因果联系，而忽视年代久远、难以理解的现象。我们尤其迷信短期可见的原因。多数时候，这种推断都是正确的，但探讨因果关系时，这种一概而论的思维却常常存在陷阱。

那么，我们如何判断堕胎与犯罪之间究竟是因果关系，还是仅仅是相关关系呢？

测量堕胎对犯罪有何影响的方式之一，是衡量特定五个州的犯罪率数据。这五个州在最高法院宣布美国全境实现堕胎合法化之前便提前实现了堕胎合法化，在纽约、加利福尼亚、华盛顿、阿拉斯加和夏威夷，至少早在“罗诉韦德案”的两年前，妇女便可进行合法的堕胎手术。而在这些提前实现合法化的州，犯罪率的下降确实要早于美国其他 45 个州和哥伦比亚特区。1988—1994 年，在提前实现堕胎合法化的州，暴力犯罪率下降幅度要比其他州高出 13%。1994—1997 年，其凶杀案发率下降幅度要比其他州高出 23%。

但说不定这些提前实现合法化的州只是运气好呢？数据里还能找出什么证据证明堕胎和犯罪之间的关系呢？

值得注意的因素之一，是每个州的堕胎率与犯罪率之间的对应关系。不出所料，在 20 世纪 70 年代堕胎率最高的几个州，在 90 年代的犯罪率下降幅度也是最大的；而堕胎率较低的州，犯罪率下降幅度也较小。（即便排除影响犯罪的一系列因素——每个州的入狱率、警力规模及其经济状况，这一关联仍然存在。）自1985年以来，相对于堕胎率较低的州，堕胎率较高的州犯罪率下降幅度为30%左右。（纽约市堕胎率较高且隶属于较早实现堕胎合法化的州之一，这两点进一步驳斥了新型治安策略导致犯罪率下降的说法。）此外，在20世纪80年代末（出生于堕胎合法化之后的第一代儿童迈入犯罪高发期之时）之前，各州的堕胎率和犯罪率之间并无关联，这再次表明“罗诉韦德案”确实是犯罪率由升转降的分水岭。

此外还有其他方面存在或正或负的相关关系，可证明堕胎与犯罪之间的关联。在堕胎率较高的州，犯罪减少的现象仅存在于出生于“罗诉韦德案”后的一代人，而此前出生的罪犯并未减少。而且，澳大利亚和加拿大的研究早已证实，堕胎合法化与犯罪率之间存在类似的关系。“罗诉韦德案”后的这一代人不仅缺少了成千上万的年轻男性罪犯，还有成千上万的单身、未成年母亲——那些因堕胎而未出世的女婴若长大成人，很可能会重蹈其母亲的覆辙。

堕胎是美国历史上造成犯罪率下降的最大因素之一。自不用说，这一发现会引起诸多龃龉，这与其说是达尔文式的物竞天择，倒不如说是斯威夫特[①]式的人性讽刺。这让人想起了据说出自

① 斯威夫特，此处应指英国的讽刺文学大师乔纳森·斯威夫特，代表作为《格列佛游记》。——译者注

G. K. 切斯特顿[①]的一句讥讽之词：帽子不够分的时候，不能以砍头来解决问题。用经济学家的话来说，犯罪率下降是堕胎合法化带来的“意外益处”。但即便你没有出于道德或宗教原因而反对堕胎，以个人不幸为代价换取大众福祉的想法也会令你不寒而栗。

诚然，很多人认为堕胎本身就是一种暴力犯罪。一名法学家称堕胎合法化（因堕胎多会造成人命损失）比奴隶制度或纳粹大屠杀（因为自“罗诉韦德案”至2004年，美国的堕胎数达到了约3 700万例，而在欧洲遭到屠杀的犹太人也只有600万）更加罪孽深重。即便你对堕胎的看法并未偏激至此，这也仍然是个颇具争议的话题。纽约布朗克斯区及明尼阿波利斯市前任警局高官安东尼·V. 博萨在1994年竞选明尼苏达州州长时，发现了这一点。几年前，博萨在一部著作中写道，堕胎“可谓是美国自20世纪60年代末以来所实行的唯一一项有效的犯罪预防措施”。在临近选举之时，博萨的这一言论被公之于众，他的选票因此一落千丈，并在选举中败北。

无论人们对堕胎有何看法，脑海中大概都会想起一个问题：我们如何理解增加堕胎以减少犯罪这样的取舍？这种错综复杂的取舍关系可以以数字衡量吗？

实际上，经济学家酷爱以数字衡量复杂的取舍关系。例如，

---

① G. K. 切斯特顿，英国推理作家，“布朗神父”系列的作者。——译者注

为挽救濒临灭绝的北方斑点鸮所做的投入。一项经济学研究发现，保护约 5 000 只北方斑点鸮的机会成本——伐木业等行业放弃的收入数额——为 460 亿美元，即每只鸮 900 多万美元。1989 年埃克森瓦尔迪兹号油轮发生漏油事故之后，另一项研究估算了普通美国家庭为避免此类事故再次发生而愿意支付的金额为 31 美元。经济学家甚至可以为身体各个部位估价，详情请见表 4–2。

表 4–2　康涅狄格州使用的各部位工伤赔偿表

缺失或损伤的身体部位	赔偿周薪倍数
手指（食指）	36
手指（中指）	29
手指（无名指）	21
手指（小指）	17
拇指（惯用手）	63
拇指（非惯用手）	54
（惯用）手	168
（非惯用）手	155
（惯用）手臂	208
（非惯用）手臂	194
脚趾（大脚趾）	28
脚趾（其他）	9
脚	125
鼻	35
眼	157

（续表）

缺失或损伤的身体部位	赔偿周薪倍数
肾	117
肝	347
胰腺	416
心脏	520
乳房	35
卵巢	35
睾丸	35
阴茎	35~104
阴道	35~104

接下来，为论证起见，我们要问一个不人道的问题：胎儿和婴儿的相对价值为多少？假如你也面临着所罗门式的抉择，你会为了多少胎儿而献祭一名新生婴儿？这仅仅是一个空想的问题——显然不存在正确答案——但有助于澄清堕胎对犯罪率的影响。

对于坚决反对堕胎或坚决支持堕胎权利的人来说，这计算起来非常简单。前者认为生命始于受孕，因此很可能会认为胎儿与新生儿的价值是 1 : 1 对等的。后者认为妇女的堕胎选择权高于一切，因此很可能认为多少胎儿也比不上一名婴儿。

假如你对上文所述的二者之一有强烈的认同感，那么接下来的练习可能会令你觉得反感，你可以跳过以下两段内容，但此处需要假设一名中立者。这位中立者并不认为胎儿与婴儿的价值是 1∶1 对等的，也不认为胎儿的相对价值为零。为了论证起见，假设他要被迫给出确定的相对价值，他给出的是，1 名婴儿等于 100 个胎儿。

美国每年约有 160 万例堕胎手术，对于认为 1 名婴儿等于 100 个胎儿的人来说，这 160 万例堕胎手术相当于——160 万除以 100——夺去了 16 000 条生命。16 000 条人命恰好约等于美国每年死于凶杀案的人数，而这远高于每年因堕胎合法化而减少的凶杀案数字。因此，根据经济学家的推算，即便假设 1 个胎儿仅相当于 1/100 人，增加堕胎以减少犯罪这一取舍抉择也只能说是得不偿失。

但堕胎与犯罪之间的关联能说明一点：如果政府允许一名妇女自行决定是否堕胎，她往往能准确地判断出自己是否有能力将孩子抚养成人。如果自认为不能，她常常会选择堕胎。

但假如这名妇女决定生下孩子，随之而来的一大问题是：孩子生下来以后，父母应该怎么做？

第五章

怎样才算完美父母？

养儿育女是一门艺术，但世上还有哪门艺术被如此不遗余力地包装成了一门科学？

近几十年，各式各样的育儿专家不断涌现，这些专家之言，即便只想随便听听，可能也听不进去，因为有关育儿的传统观念似乎瞬息万变，有时是不同专家之间莫衷一是，有时则是曝光率最高的几名专家突然异口同声地宣布旧观点是错的，而新观点至少在短时间内，是无可辩驳的真理。例如，先有人说母乳喂养是保证孩子身心健康的唯一方式，后又有人说人工喂养才是；先有人说婴儿应该躺着睡，后又有人说婴儿应该趴着睡；食用肝脏这种行为，有人说会中毒，有人说对大脑发育必不可少；对孩子的教育也是要么丢掉棍棒，放纵孩子，要么揍孩子一顿，然后去坐牢。

在《美式教育：专家、父母和一个世纪以来的育儿经》一书中，安·赫尔伯特记录了育儿专家那些众说纷纭甚至自相矛盾的理论，若非存在混淆视听之处，且多有耸人听闻的效果，他们这些笑谈可能还会博人一笑。在“从出生开始”系列丛书中，盖瑞·艾卓提倡“望子成龙”的父母采取“婴儿管理策略”，强调早早锻炼婴儿晚上独自睡觉的重要性，艾卓警告称，若不这么做，睡眠不足可能会“对婴儿的中枢神经系统发育造成不良影响”并导致学习障碍。与之相反，支持“父母与孩子同睡”的人则警告称，独自睡觉会不利于婴儿的心理健康，婴儿应该与父母“同床共眠”。那激励手段呢？1983 年，T. 贝里·布雷泽顿写道，婴儿出生时，“完全有能力了解自己和周遭的世界”，布雷泽顿提倡尽早、积极地激励孩子成长，以培养“善于互动”的儿童。然而，100 年前，L. 埃米特·霍尔特却告诫道，婴儿不是“任人玩弄的对象”，他认为，在婴儿出生后的前两年，“不应揠苗助长，不应施加压力，不应过度激励”，该阶段的大脑发育非常迅速，过度激励可能会造成“巨大损伤”。他还认为除非因为身体不舒服，否则婴儿啼哭时，绝不应抱起来，每天都应该让婴儿哭上 15~30 分钟：“这是婴儿的锻炼方式。”

典型的育儿专家同其他领域的专家一样，喜欢做出胸有成竹的样子。专家不喜欢探讨一件事的不同方面，而是喜欢坚定不移地选边站队，因为说话有所保留或措辞微妙的专家常常无法博得公众的关注，要想让自己平淡无奇的理论上升为传统观念，专家必须壮起胆子。为此，成功率最高的方式就是利用公众情绪，因为情绪是理性讨论的敌人，在所有情绪中，恐惧比其他情绪更具威力。正因如此，超级猎手、伊拉克的大规模杀伤性武器、疯牛病、婴儿猝死综合征，把我们吓得战战兢兢，如此一来我们又怎能不对他们言听计从呢?

最容易被专家耸人听闻的言论蛊惑的就是父母了，恐惧成为他们育儿过程中的一个主要部分。毕竟，为人父母要照顾另一条生命，而这条生命呱呱坠地之时，几乎要比其他任何物种刚出世时都更加无助，这令许多父母把养儿育女的太多精力浪费在了担惊受怕上。

问题在于，他们多半是在庸人自扰，但这又并非他们的过错，毕竟辨别事实与谣言并非易事，这对忙碌的父母来说尤其如此。姑且不说来自其他父母的压力，专家喋喋不休的言论铺天盖地，让他们无暇做独立思考，他们能收集到的事实要么被曲解，要么被夸大了，要么是断章取义，而这都是别有用心的人捏造出来的。

假设一对父母有个 8 岁的女儿名叫莫利。她有两个好朋友，分别叫埃米和伊曼尼，都住在附近。莫利的父母知道埃米的父母在家里藏了一把枪，所以不准莫利去她家。因此，莫利经常去伊曼尼家玩，而她家后院有个游泳池。莫利的父母认为自己为了保护女儿做出这一决定非常明智，因此感到很欣慰。

但根据数据统计，他们的决定并不明智。美国平均每年每11 000个住宅游泳池就会溺死一名儿童。美国全国有600万个游泳池，即每年约有550名10岁以下儿童溺死。与之相对，每100多万支枪，也仅会造成一名儿童因枪击而死。据估算，美国约有2亿支枪，即每年约有175名10岁以下儿童因枪击而死。在游泳池溺死的概率（1/11 000）与因枪击而死的概率（超过1/1 000 000）相比，相差不是一点半点：莫利在伊曼尼家游泳时溺死的概率远高于在埃米家被枪击致死的概率。

但我们多数人都像莫利的父母一样，非常不善于评估风险。来自新泽西州普林斯顿市的彼得·桑德曼自诩“风险通报顾问”。2004年初，美国因发现一例疯牛病而掀起了反食牛肉热潮，他当时就指出了这一点。

桑德曼告诉《纽约时报》：“基本事实是，令人们担惊受怕的风险和真正夺人性命的风险差别很大。”

桑德曼对比了疯牛病（极其可怕却十分罕见）和普通家庭厨房里经食物传染的病原体（极其常见，却不知何故并不可怕）。

“你可以控制的风险不容易令你大惊失色，而你无法控制的风险则不然，”桑德曼说，“就疯牛病而言，我感觉这是我无法控制的事情，我无法分辨我吃的肉里是否有朊病毒，因为看不出来，也闻不出来。但自家厨房里的污垢却是我可以控制的，我可以清洗海绵，可以擦洗地板。”

桑德曼的“控制”原则或许也可以解释为何多数人怕坐飞机，却不怕开车。他们的逻辑是：由于汽车是由我控制的，生命掌握在我自己手里；而飞机不是由我控制的，我要受各种外部因素的摆布。

那么乘飞机与自驾车，我们究竟应该更怕哪种交通方式?

或许首先应该思考一个较为基本的问题：我们怕的究竟是什么？一定是怕死。但对死亡的恐惧需要缩小范围。当然，人人都知道自己免不了一死，对此我们或许只会偶尔担心一下。但假如有人告诉你，在接下来的一年里，你有 10% 的概率死亡，你的担心程度恐怕会高出不少，甚至可能会改变生活方式。而假如有人告诉你，你在接下来的一分钟内有 10% 的概率死亡，你很可能会惊慌失措。因此，引起恐惧的是迫在眉睫的死亡威胁，所以要想衡量对死亡的恐惧，最合理的方式是以小时计。

假如你准备出门旅行，可选择自驾车或乘飞机，你或许要参考一下自驾车与乘飞机的每小时死亡率。诚然，美国每年因车祸死亡的人数（约 40 000 人）远超过因空难死亡的人数（不到 1 000 人）。但多数人乘车的时间要比乘飞机的时间长得多，这一点也不假。（每年因划船事故死亡的人数也高于空难死亡人数，这一点与游泳池及枪支的对比都说明，水的危险程度远远超过了多数人的认知。）然而，自驾车与乘飞机的每小时死亡率不相上下，这两种交通工具的致死率（实际上也可称为安全率）相差无几。

但当下发生的危险最易滋生恐惧，因此专家才会利用这一点。当今世界，人们对长远的事情越来越缺乏耐心，导致恐惧具有强大而立竿见影的效果。假设你是名政府官员，有两种已被证实会致人死亡的威胁，恐怖袭击和心脏疾病，你需要申请资金，对抗其中一种威胁，你认为国会议员会为哪一项拨款？任何人因恐怖袭击而死亡的概率都远低于因食用高脂肪食物而死于血管阻塞、心脏病发作的概率；但恐怖袭击是发生在当下的事情，而心脏病却是一种常见疾病；恐怖主义活动超出了我们的控制范围，而炸薯条导致的心脏病致死则不然。与控制系数同等重要的，是彼得·桑德曼提出的可怕系数，死于恐怖袭击（或疯牛病）被认为可怕至极，但死于心脏病却并不可怕。

桑德曼是个立场不定的专家，前一日他可能还在帮环保组织揭露某种公共卫生危害，后一日他便会帮助某个快餐企业总裁的客户摆平大肠杆菌暴发造成的影响。桑德曼将自己的专业知识总结为一个简单的公式：风险 = 危害 + 愤怒。对于遇到汉堡用肉变质问题的总裁来说，桑德曼要做的是“平息愤怒”；而对于环保组织来说，他要做的则是“激起愤怒”。

要注意，桑德曼处理的是愤怒这一部分，而非危害本身。他承认在他的风险公式中，愤怒与危害的地位并不均等。

“危害性高而愤怒值低，人们反应平淡，”他说，“危险性低而愤怒值高，则人们反应过激。”

那么为何游泳池不及枪恐怖呢？小孩被邻居家的枪射击而死，这样的事情令人不寒而栗，骇人听闻，简而言之，令人愤怒，但游泳池却不会引起愤怒，原因之一在于它为人们所熟悉。多数人乘车时间长于乘飞机时间，与之同理，多数人在游泳池里游泳的时间也长于开枪射击的时间。儿童溺死仅需 30 秒，且常常悄无声息，仅仅几英寸深的水就可以让婴儿溺死。但与此同时，防止儿童溺水的方法却相当简单：有成人照看，游泳池旁竖起围栏，后门锁好，以防幼儿趁大人不注意溜出去。

假如所有家长都能依此行事，每年或许可以挽救 400 名儿童的生命，这一数字高于近期宣传最广的两项发明：更安全的婴儿床和儿童汽车座椅。数据显示，儿童汽车座椅充其量只是装装样子，让儿童坐在后座自然要比坐在前座被大人抱着安全，因为一旦遭遇车祸，坐在前座的儿童基本会被弹射出去。但此处所说的安全措施是指不能让儿童坐在前座，也不是将他们绑在 200 美元的儿童座椅上。尽管如此，许多家长仍然会夸大儿童汽车座椅的好处，甚至为了正确安装座椅，不惜跑到警察局或消防站。

儿童安全领域的新技术，多与上市的新产品有关，这也是最令人震惊的一点。（儿童汽车座椅的年销量为近 500 万套。）这些产品往往意在应对人们越来越严重的恐慌情绪，而引起他们恐慌的事物，用彼得 · 桑德曼的话来说，就是愤怒值大于危险性。本来只需做好预防措施就可以避免一些悲剧发生的事情，却被一些夸大其词的广告宣传弄得本末倒置：儿童安全包装（每年约挽救50条生命）、阻燃材质睡衣（每年约挽救10条生命）、让儿童远离汽车安全气囊（自安全气囊问世以来，每年仅有不到5名儿童因此丧命）以及童装安全拉绳（每年约挽救2条生命）。

你可能会说，就算是家长被专家和商人玩弄于股掌之上，这又有什么关系？无论这些措施是微不足道还是控制过度，即便只能保护1名儿童的安全，难道我们不都应该给予支持吗？它们给父母带来了便利，让我们可以腾出更多时间思考如何在培育孩子心智问题上有更多良方，不是吗？

有关育儿的传统观念近来遭到了彻底的颠覆，它起因于一个简单的问题：父母对孩子的智力成长究竟有多大影响？

几十年来，针对这一问题的研究越来越多。已有大量研究——包括对自出生起便分开长大的双胞胎所进行的研究——证明，儿童的性格与能力约有50%是由基因决定的。

那么如果说先天因素决定了孩子一半的命运走向，那另一半由何决定呢？想必应该是后天培养——“小小莫扎特”系列录音带、教会布道、参观博物馆、拥抱，甚至是必要的惩戒，这些正是育儿之道的全部内容。但另有一项著名研究——科罗拉多州领养项目——跟踪了245名被收养儿童的生活，发现儿童的性格特征与养父母之间几乎毫无关联，这该做何解释？还有研究表明，孩子是否上过托儿所、是否是单亲家庭、母亲工作与否对儿童性格并无太大影响，这又要做何解释？

1998 年的一本书《教养的假说》探讨了先天与后天的区别，作者是名不见经传的教材作家朱迪思·里奇·哈里斯，该书对父母养育过度的现象进行了抨击。它有两个小标题：“儿童为何会走上不同的成长道路”和“父母的作用比你所知的要小而同龄人的影响更大”。哈里斯用不失温和的措辞指出，父母自以为对子女性格的形成起到了举足轻重的影响，这种看法是错误的，这种信念是一种“文化迷思”。哈里斯认为，父母这种自上而下的影响不及儿童每天与朋友和同学相处所受到的耳濡目染的影响。

哈里斯丢下的这枚重磅炸弹令人难以置信——她既无博士学位，也不属于任何学术机构，只是一名普通的奶奶——这既令人惊讶，又引人愤慨。

“公众又要说‘又来这一套’，这也无可厚非，”一名评论家写道，“上一年我们听到的是家庭纽带是关键，接着就变成了出生顺序。接着呢，又变成了真正的关键在于激励。人生中的头五年是最重要的时期；不对，应该是头三年；不对，一切都取决于第一年。还是算了吧，基因决定一切！”

不过哈里斯的理论也受到了相当多重量级人物的支持，其中之一便是心理学家和畅销书作家史蒂芬·平克。他在自己的著作《空白的石板》中，称哈里斯的观点“惊世骇俗”（没有任何贬义成分）。

"接受传统心理治疗的患者总是要浪费50分钟的时间，回忆童年苦涩，学会将自己的不幸归罪于父母的教育无方，"平克写道，"许多自传对主角成年后的成败功过，总是会从其童年时代寻觅根源。'育儿专家'令女性觉得自己要是离家去工作或有天晚上没有读《晚安，月亮》[①]，简直就是禽兽般的母亲，这些根深蒂固的观念需要反思。"

确实需要反思吗？你会对自己说，父母肯定有影响。另外，即便同龄人对儿童影响很大，难道不是父母选择了子女的同龄人圈子吗？这难道不就是父母为了选择合适的小区、学校和朋友圈子而殚精竭虑的原因吗？

尽管如此，父母究竟有多重要仍然是个好问题，这一问题也错综复杂。要确定父母的影响，需要衡量儿童的哪一方面呢？性格？学校成绩？品行？创新能力？成年后的工资？显然，影响儿童表现的因素众多：基因、家庭环境、社会经济发展水平、学校、歧视、运气、疾病等等。那这些因素的权重又该如何划分呢？

为论证以上问题，假设有两个男孩，一名白人，一名黑人。

白人男孩在芝加哥郊区长大，父母博学多识，经常参与学校改革。他的父亲在制造业工作，待遇不错，经常带他去野外远足。母亲是家庭主妇，打算以后重回大学校园，攻读教育学学士学位。

① 《晚安，月亮》，美国睡前儿童读物。——译者注

这名男孩生活幸福，在学校也表现不错，老师认为他可能是个真正的数学天才。父母经常给予他鼓励，他跳级升学时，他们备感骄傲。他还有个手足情深的弟弟，同样天资聪颖。平时，一家人还会在家里办文学沙龙。

黑人男孩出生在佛罗里达州代托纳比奇市，两岁便被母亲遗弃，父亲有份不错的销售工作，但酗酒成性，经常有家庭暴力行为。11 岁那年，一天晚上，男孩正在装饰一棵桌面圣诞树，他父亲却在厨房里殴打女朋友，他下手凶狠，她的牙齿被打落，飞到男孩的圣诞树下，男孩心里有数，知道自己不能劝解。在学校，他在各方面都不用功，不久之后，便开始携枪贩毒、抢劫，他总是在父亲喝完酒回家前上床睡觉，然后在父亲起床之前离开家。他父亲最终因强奸罪锒铛入狱，他也不得不在年仅 12 岁时便自食其力。

即便是不支持养育过度的人，也知道第二名男孩毫无出头机会，而第一名男孩前程似锦。第二名男孩还要受到种族歧视的影响，他能有多大概率可以在生活中有所作为？而第一名男孩的成功道路已经铺平，又会有多大的概率马失前蹄？两名男孩的命运走向，又有多少取决于其父母呢？

关于怎样才算完美父母这个问题，人们可以提出层出不穷的理论。但本书作者不会这么做，原因有二：一是我们两人都不敢自称是育儿专家（虽然我们两人加起来共有 6 名 5 岁以下的子女）；二是相比于育儿理论，我们更相信数据体现出来的规律。

虽然儿童在某些方面的表现，如性格或创造力，不易用数据衡量，但学校成绩可以。而且，多数家长都认为教育是儿童成长的核心所在，因此研究一组发人深省的学校数据，是合理可行的切入点。

这组数据与择校有关，多数人都对这一问题抱有两极分化的态度，或支持或反对。择校权的忠实支持者认为，他们既然纳了税，就有权让自己的孩子上最好的学校。反对者则担心择校权会让差生留在差学校。不过，似乎所有父母都认为自己的孩子只要能选对学校，就一定能大放异彩，前提是这些学校要有合理的院系设置、课外活动、友好氛围和安全环境。

芝加哥公立学校系统很早便开放了择校权，这是因为芝加哥公立学校系统和多数城市学区一样，少数民族学生比例过高。虽然美国最高法院于 1954 年对布朗诉托皮卡教育局案做出判决，裁定学校应废除种族隔离制度，但芝加哥公立学校系统内的不少黑人学生仍然在几乎全由黑人构成的学校上学。因此，1980 年，美国司法部和芝加哥教育局决定携手促进芝加哥学校的种族融合，规定入学新生可以申请学区内的几乎任何一所高中。

除了历史悠久这一点，芝加哥公立学校系统的择校项目之所以适合研究，还有几点原因：该系统提供了海量数据（芝加哥拥有全国第三大学校系统，仅次于纽约和洛杉矶）以及大量的可选择学校（60 多所高中）和灵活的择校机制；录取率非常高，系统内约半数学生选择不上所在小区的学校。芝加哥公立学校的这一项目——至少对研究来说——最偶然的发现就是择校的规则。

可以料到，向芝加哥所有新生开放所有学校可能会引起混乱。成绩优异、毕业率高的学校收到的申请数量会严重超额，因此不可能顺应每个学生的请求。

为公平起见，芝加哥公立学校系统采取抽签制，对于研究者来说，这是一大福音。假设有 2 名学生各项数据完全相同，且均想申请一所条件更好的新学校，但抽签的结果是，一名学生去了新学校，另一名只能继续留在旧学校。现在设想一下，有成千上万的学生都遇到了这种情况，那么统计结果就变成了一场规模庞大的自然实验，这想必并非芝加哥学校官员设计抽签制的初衷。但从这个角度来看，这种抽签制恰好提供了衡量择校权——或好学校——实际能有多大作用的绝佳渠道。

到底数据呈现出了什么样的结果呢?

对于养育过度的父母来说，答案并不令人振奋：在这种情况下，择校权几乎毫无作用。诚然，参加择校抽签的芝加哥学生毕业率高于不参加抽签的学生，这似乎表明择校权确实有一定作用，但这仅仅是假象，证据就是以下的对比数据：中了签、转学去“更好”学校的学生成绩并未高于未中签、留在旧学校的学生。意即，无论是否中签抽到转学到新学校的机会，只要是有意转学离开所在小区学校的学生，毕业率均高出一筹。乍看起来，是转学到新学校让学生占得先机，但这样的先机实际上却与新学校毫无关系，这说明选择转学的学生——和家长——本身便具有更高的智商且在学业方面更有追求。但从统计数据来看，转学对他们的学业并无帮助。

那么留在小区学校的学生是否会因此成绩下滑呢？不会，他们的成绩与计划转学之前不相上下。

不过，芝加哥确实有一批学生的成绩大有改观：上技校或职业学院的学生。这些学生的成绩大幅优于他们在旧有学校环境中的成绩，毕业率也远高于根据其以往成绩做出的预测毕业率。因此，在芝加哥公立学校系统择校项目的帮助下，确实有一小部分原本成绩平平的学生学到了实际技能，为未来事业打下了坚实基础，但似乎并非所有学生都因这一项目而提高了成绩。

择校权真的毫无作用吗？无论是否有养育过度的行为，但凡有自尊心的父母都不愿相信这点。或许是因为这项芝加哥公立学校系统的调查仅包含高中生，或许到了高中阶段学生已经定型。

“很多升入高中的学生能力尚不足以完成高中学业，”纽约州教育专员理查德·P. 米尔斯最近指出，“升入高中的学生中，有太多人的阅读、写作、数学成绩还停留在小学水平。这一问题必须在低年级解决。”

实际上，有学术研究证实了米尔斯的担忧。在研究成年黑人与白人之间的收入差距——众所周知，黑人收入明显较低——时，学者发现一旦将黑人的八年级分数较低这一因素考虑在内，二者之间的收入差距便被抵消了。换言之，造成黑人与白人之间存在收入差距的一大原因是二者之间的教育差距，而这一差距早在多年前便可见到端倪。

“缩小黑人与白人之间的考试分数差距，”一项研究的作者写道，“对促进种族平等所起到的作用要超过受到政客响应的任何策略。”

那么黑人与白人之间的分数差距有何起因呢？多年来，人们对此提出了许多理论：贫困、基因构成、“暑期倒退”现象（普遍认为，黑人在学校放假期间的成绩退步幅度更大）、考试或教师态度中存在的种族偏见以及黑人对“被白人同化”的抵制。

在一篇名为《“被白人同化”现象的经济学》的论文中，来自哈佛大学、年纪轻轻的黑人经济学家小罗兰·G. 弗赖尔提出，某些黑人学生“面临着强大的遏制因素，阻碍他们在某些方面有所付出（如教育、芭蕾等），他们可能会因此被看作是想效仿白人行为的黑人，即‘出卖自我’”。在某些街区，一旦被冠以此种标签，即有可能遭受种种迫害，如被社会排挤、遭到殴打甚至惨遭杀害”。弗赖尔引用了卡里姆·阿布杜尔–贾巴尔[①]——当时名为

① 卡里姆·阿布杜尔–贾巴尔，原名卢·艾尔辛多，生于 1947 年，美国著名篮球运动员。他于 1971 年加入伊斯兰教，因此改名卡里姆·阿布杜尔–贾巴尔。——译者注

卢·艾尔辛多——年轻时的回忆录。他在四年级转学到新学校，发现自己的阅读水平甚至要优于七年级学生：“那些小孩发现这点后，我就成了众矢之的……那是我第一次离家住校，第一次身处全是黑人的环境，而我发现以前学到的正确行为全成了我被迫害的理由。我考试拿了全A，却因此遭到仇视；我讲话规范，却因此被辱骂为流氓。我不得不学会一套新的语言系统，为的只是能回应所收到的恐吓。我举止得体，是个乖孩子，但人身安全却因此受到了威胁。”

弗赖尔也是《理解黑人与白人在入学前两年的考试分数差距》的作者之一，这篇论文引用了一批新的政府数据，这些数据确凿可靠，有助于分析黑人与白人之间的差距。或许更有意思的一点是，这些数据可以很好地回答所有父母——无论是黑人、白人，还是其他人种——都想问的问题：对于儿童在上学初期的表现，哪些因素有影响，哪些没有？

20世纪90年代末期，美国教育部开展了一个意义深远的项目，名为“童年早期的纵向研究”。该项目意在测算2万多名儿童从幼儿园到五年级期间的学业进展，研究对象从全国各地抽取，准确体现了美国小学生的构成结构。

该项目统计了学生的学习成绩，还收集了每名儿童的一般调研信息：种族、性别、家庭结构、社会经济地位、父母的教育水平等等，但该项研究的调查内容远远不止这些基本信息，还包括对学生家长以及教师和学校行政人员的采访。采访问题很多，且内容比普通的政府采访更为私密：父母是否打孩子、多久打一次；父母是否带孩子去图书馆或博物馆；孩子看电视的时间有多长。

结果，他们得到了一组极其丰富的数据，只要问题能问到点子上，这些数据就能呈现出出人意料的规律。

如何让这样的数据呈现出可信的规律？用经济学家最喜欢的把戏：回归分析法。回归分析法并非某种被束之高阁的精神治疗法，而是一种行之有效的工具，可利用统计技术寻找原本无迹可寻的相关关系，但也并非没有局限性。

相关关系仅仅是一个统计学术语，用于表示两个变量是否会共同变动，但假如有上百对变量，难度就增加了。回归分析法这种工具让经济学家得以梳理海量数据，方法就是挑出需重点观察的两个变量，人为地使其他变量保持恒定，然后观察这两个变量如何共同变化。

在理想条件下，经济学家可以像物理学家或生物学家一样进行对照实验：设置两个样本，随机选取其中之一加以控制，然后对效果进行测量，但经济学家很少碰到如此理想的实验条件。（正因为如此，芝加哥的择校抽签制成了一次机缘巧合的事件。）经济学家手中的数据通常包含众多变量，且均为随机生成，有的有关联，有的没有，经济学家必须从这些盘根错节的数据中，分辨出哪些因素存在相关关系，哪些因素没有。

就“童年早期的纵向研究”的数据而言，或许可以对回归分析法的作用做以下比喻：将这 2 万名学生分别转化为 2 万块线路板，每个线路板上均有数量相等的开关，每个开关代表该名儿童一个类别的数据：一年级的数学分数、三年级的数学分数、一年级的阅读分数、三年级的阅读分数、母亲的受教育水平、父亲的收入水平、家中藏书数量、小区的相对富裕水平等等。

这样一来，研究者便可以从这套错综复杂的数据中梳理出一些观点，他可以将有相同特点较多的儿童——开关指向相同的线路板——罗列出来，然后找出唯一一个存在差异的特点。这样他便可以排除其他因素，找出这一个开关对整个杂乱无序的线路板造成的真正影响。这样，这个开关——乃至所有开关——的影响便可显露无遗。

假设我们想利用“童年早期的纵向研究”的数据回答一个有关育儿和教育的基本问题：家中藏书多是否会让儿童在学校成绩优异？回归分析法无法解答这一问题，但可以解答另一个略有不同的问题：家中藏书多的儿童成绩是否普遍优于家中没有藏书的儿童？第一个问题和第二个问题之间的差别在于，一个（问题一）是因果关系，一个（问题二）是相关关系。回归分析法可以证明相关关系的存在，却无法证明孰因孰果。毕竟，两个变量之间的相关关系可能有多种情况，可能是 X 导致了 Y，可能是 Y 导致了 X，也可能是其他因素同时导致了 X 和 Y 的产生。

举例来说，“童年早期的纵向研究”的数据确实表明，家中藏书多的儿童成绩要优于家中没有藏书的儿童。因此，二者存在相关关系。但考试高分也和其他许多因素相关，假如仅仅对比藏书很多的儿童与没有藏书的儿童，这样的答案或许意义不大，或许一名儿童家中的藏书数量仅能说明其父母的收入水平。我们真正要采取的方法是，对比两名仅有一点不同——在此例中，即家中藏书数量——而其他方面均无差别的儿童，观察这一点因素是否会对其学校成绩产生影响。

应该说，回归分析法是一门艺术，而非科学。在这点上，它与育儿本身有着诸多相同之处。但深谙此道的分析者可以以此分析出某种相关关系究竟有多大意义，甚至能分析出这种相关关系是否也存在因果性。

那么对于“童年早期的纵向研究”的数据分析能揭示有关小学生成绩的什么现象呢？首先同黑人与白人之间的考试分数之差有关。

长久以来，人们发现，早在踏入校门之前，黑人儿童的表现便要逊于白人儿童，而且即便控制了诸多变量，黑人儿童的表现也无法达标。（控制变量大致是指排除其影响，原理类似高尔夫球手之间的让杆。在“童年早期的纵向研究”这样的学术研究中，研究人员在将某名学生与平均水平做对比时，可能会控制该名学生身上任意数目的不利因素。）但这组新数据却得出了不同的结论，控制了仅仅几个变量——包括儿童父母的收入和受教育水平以及母亲生第一胎时的年龄——之后，黑人儿童与白人儿童在入学时的差距便被抵消了。

从两方面来讲，这是一项振奋人心的发现，这意味着相对于白人儿童，黑人儿童取得了持续的进步，这也意味着这种差距无论是何性质，都与一些易于识别的因素有关。数据显示，黑人儿童在学校的成绩较差，并不是因为他们的黑人基因，而是因为黑人儿童出生在低收入、低学历家庭的概率较高。而且，经济社会背景相同的黑人儿童与白人儿童在初入幼儿园时的数学和阅读水平相等。

好消息，对吗？先不要急于下结论。首先，由于黑人儿童出生于低收入、低学历家庭的平均概率较高，差距确实存在，平均而言，黑人儿童的成绩确实略逊一筹。其次，也更糟糕的是，即便控制了父母收入和教育水平这两个变量，黑人儿童与白人儿童在入学后两年间也会再次拉开差距。至一年级期末，黑人儿童的成绩会落后于统计数据相等的白人儿童，这一差距会在二、三年级持续扩大。

为何会有此现象？这是一个难以解答、错综复杂的问题。其中一个原因可能是，普通黑人儿童与普通白人儿童所上的学校并不相同，简而言之，普通黑人儿童所上的学校条件很差。虽然布朗诉托皮卡教育局案已经过去了 50 年之久，但美国许多学校仍然实行种族隔离的政策。“童年早期的纵向研究”项目调查了约 1 000 所学校，每所学校抽取 20 名学生作为样本，其中有 35% 的学校所抽取的样本中，1 名黑人儿童都没有。在“童年早期的纵向研究”中，普通白人儿童所上的学校仅有 6% 的学生为黑人，相反，普通黑人儿童所上的学校有约 60% 的学生为黑人。

黑人学校的条件究竟差到什么地步？答案颇耐人寻味，它们在传统的学校指标上均不落下风，就班级规模、教师学历和计算机与学生比率而言，黑人与白人所上学校条件相似。但普通黑人学生所上的学校在某些恶性指标上却远超其他学校，如帮派问题、在校门前流窜的校外人员和家长教师联谊会资金，这些学校的环境确实不利于学习。

因学校差而受影响的并不仅仅是黑人学生，白人儿童也成绩不佳。实际上，同一所条件较差的学校内，一旦控制了学生背景方面的变量，黑人儿童与白人儿童在低年级的考试中就几乎不存在分数之差了。但差学校的所有学生，无论黑人还是白人，成绩均逊于好学校的学生。或许教育家和研究人员不应再执迷于研究黑人与白人之间的考试分数之差，黑人学校与白人学校之差或许才是更为突出的问题。“童年早期的纵向研究”的数据表明，好学校的黑人学生并不逊于同一学校的白人学生，并且要优于差学校的白人学生。

因此，根据这些数据，儿童所上的学校似乎对其学业进展确有显著影响，至少在低年级阶段确实如此。那是否可以说育儿之道也有同样的作用？那些“小小莫扎特”录音带是否有用？长年累月地读《晚安，月亮》呢？搬到郊区住是否值得？父母参加了家长教师联谊会的儿童是否要优于父母从未听说过联谊会的儿童？

“童年早期的纵向研究”的大量数据表明，儿童的个人情况与学校成绩在很多方面都存在令人信服的相关关系。例如，对其他因素进行控制之后，来自农村地区的学生成绩显然低于平均水平。与之相反，郊区学生的成绩处于中游水平，而城市学生的成绩则高于平均水平。（这可能是因为城市人的学历较高，他们所生的子女也更聪明。）平均而言，女生的考试分数要高于男生，亚裔学生的考试分数要高于白人。前文已经证明，来自相似背景和学校的黑人与白人学生分数不相上下。

对回归分析法、传统观念和育儿之道有所了解之后，请看以下列出的 16 个因素。“童年早期的纵向研究”的数据表明，其中 8 个因素与考试分数呈现出了或正或负的高度相关关系，另 8 个因素似乎毫无影响。诸位大可以猜一下哪些有影响，哪些没影响。请记住，这些结果仅能反映出儿童的低年级考分情况，虽然这种测量方法行之有效，但涉及范围相当有限。而且，童年早期的成绩较差并不一定就预示着未来会收入微薄、创造力匮乏或生活不幸。

父母学历高

家庭完整

父母拥有较高的社会经济地位

父母最近搬入了条件较好的小区

母亲在生育第一胎时的年龄为 30 岁或 30 岁以上

母亲在孩子出生后至上幼儿园之前不工作

出生体重低

参加过启智计划[①]

父母在家讲英语

定期随父母去博物馆

是被收养儿童

经常被打

父母参加家长教师联谊会

经常看电视

家中藏书多

几乎每天都听父母读书

以下是与考试分数高度相关的 8 个因素：

① 启智计划，美国卫生与公共服务部于 1965 年实行的综合教育项目，旨在为贫困家庭儿童提供早教、卫生、营养和家长参与服务。——译者注

父母学历高

父母拥有较高的社会经济地位

母亲在生育第一胎时的年龄为 30 岁或 30 岁以上

出生体重低

父母在家讲英语

是被收养儿童

父母参加家长教师联谊会

家中藏书多

以下是无关的 8 个因素：

家庭完整

父母最近搬入了条件较好的小区

母亲在孩子出生后至上幼儿园之前不工作

参加过启智计划

定期随父母去博物馆

经常被打

经常看电视

几乎每天都听父母读书

接下来我们依次成对分析：

有关： 父母学历高

无关： 家庭完整

拥有高学历父母的儿童通常在学校成绩优异，这是意料之中的事。教育水平高的家庭往往很看重教育，或许更为重要的一点是，智商较高的父母往往受教育水平也较高，而智商具有高度遗传性。但儿童的家庭是否完整似乎并无影响，前文引用的研究表明，家庭结构对儿童性格并无影响。同理，家庭结构对儿童的学业水平似乎也毫无影响，至少在低年级阶段确实如此。这并不是说好好的家庭应该说散就散，而是说美国约 2 000 万名单亲家庭儿童应该感到些许慰藉。

有关： 父母拥有较高的社会经济地位

无关： 父母最近搬入了条件较好的小区

社会经济地位高与考试分数高高度相关，这似乎合情合理。总的来说，社会经济地位是成功的重要表现，这说明此人智商较高且受教育水平较高，所以事业有成的父母所养育的子女，获得成功的概率也较高。但搬入条件较好的小区对儿童的学校成绩并无帮助，这可能是因为搬家本身存在负面作用。更有可能是因为，正如换了好鞋不会跳得更高，好房子也无法提高数学或阅读成绩。

有关： 母亲在生育第一胎时的年龄为 30 岁或 30 岁以上

无关： 母亲在孩子出生后至上幼儿园之前不工作

假如一名妇女 30 岁之后才要第一个孩子，这个孩子在学校成绩好的概率会较高。这样的母亲往往是想接受高等教育或在事业上有所成就，她们很可能也比未成年妈妈更想要孩子。但这并不是说，只要初为人母时年纪较大，就一定是更加称职的母亲，而是说这样的母亲为母子双方创造了更加优越的条件。（值得注意的是，如果是未成年妈妈，即便等到 30 岁之后再要第二胎，也不具备这种条件。“童年早期的纵向研究”的数据表明，她们的第二胎并未优于第一胎。）与此同时，母亲在孩子上幼儿园之前都辞职在家，似乎毫无帮助。养育过度的父母或许会觉得二者毫无关联这一点令人泄气，如此一来，那些母子课程还有什么意义？但数据表现出来的规律确实如此。

有关： 出生体重低

无关： 参加过启智计划

低体重儿往往在学校成绩不佳。这或是因为早产对儿童的整体健康有害，或是因为出生体重低预示着父母极有可能会养育不当，毕竟怀孕期间抽烟、喝酒或虐待腹中胎儿的母亲，不会因为孩子出生就幡然悔悟。因此，低体重儿成为贫困儿童的概率较高，因而参加启智计划的概率也较高。启智计划，是联邦政府推行的学前教育计划，但“童年早期的纵向研究”的数据表明，启智计划对儿童未来的考试成绩毫无帮助。尽管启智计划广受好评（本书作者之一曾是特许学校[①]的学生），我们也得承认，事实已经一次次地证明，该计划从长期来看收效甚微。以下是可能的原因之一：一般而言，参加启智计划的儿童白天虽然不用和自己受教育水平低、劳累过度的母亲在一起，却得和别的受教育水平低、劳累过度的母亲在一起。（还有一屋子同样贫困的儿童。）实际上，启智计划的教师仅有不到 30% 有学士学位，且这个岗位收入微薄（启智计划的教师年收入约为 21 000 美元，而公立幼儿园教师的年收入则为 40 000 美元），又难以在短期内招到素质更高的教师。

有关：父母在家讲英语

无关：定期随父母去博物馆

父母讲英语的儿童在学校的成绩要优于父母不讲英语的儿童。这也不足为奇。在“童年早期的纵向研究”中，拉美裔学生的成绩进一步佐证了这一相关关系，拉美裔学生的整体成绩偏低，同

① 特许学校，美国的一种公办民营学校，学费低且教学形式灵活，常与启智计划合作。——译者注

时父母不讲英语的比例也较高。（不过，他们往往能在高年级迎头赶上。）那么反面例子又如何？假如父母不仅讲英语，还会在周末带孩子参观博物馆以拓展文化视野，结果会怎样？抱歉。填鸭式的文化教育或许是养育过度的一个基本信条，但“童年早期的纵向研究”的数据表明，参观博物馆与考试成绩并不相关。

有关：是被收养儿童

无关：经常被打

被收养与学校考试成绩高度负相关。为什么？研究表明，亲生父母的智商对儿童的学业水平造成的影响远高于养父母的智商，而将自己孩子交予他人收养的母亲智商往往明显低于收养者。被收养儿童成绩平平的另一个原因听起来或许令人反感，它与主张人性自私的基本经济学理论有关：想弃养孩子的母亲可能不会像想要孩子的母亲一样认真做产前保健。（区别类似，以下推论可能更加令人反感：你如何对待自家车与租来过周末的车。）

不过，虽然被收养儿童往往考试成绩不佳，经常被打的儿童则不然。这或许有些出人意料，不是因为打孩子本身难免会造成伤害，而是因为传统观念认为，打孩子是不文明的做法。我们可能会因此认为打孩子的父母在其他方面也不文明，或许事实并非如此，打孩子或许另有内情。请记住，“童年早期的纵向研究”这一调查包含对儿童父母的直接采访，因此父母要同政府调查人员促膝而谈，当面承认自己打孩子。这表明，坦白这种行径的父母要么是不文明，要么本性诚实。或许诚实作为正确育儿方式的一部分，影响要大于打孩子这种不当的育儿方式。

有关： 父母参加家长教师联谊会

无关： 经常看电视

父母如果参加家长教师联谊会，孩子往往能在学校取得好成绩，这很可能表明，与教育行业息息相关的父母才会参加家长教师联谊会，但参加联谊会本身并不会提高孩子的成绩。与此同时，“童年早期的纵向研究”的数据表明，儿童的考试成绩与看电视的时间并不相关。这虽与传统观念相悖，但看电视显然不会让儿童的大脑变成一团糨糊。（芬兰的教育系统名列全球最佳，多数芬兰儿童 7 岁才开始上学，但在上学之前，就已经通过看配有芬兰语字幕的美国电视节目自学识字。）不过，在家里用电脑也不会让孩子成为爱因斯坦。“童年早期的纵向研究”的数据表明，使用电脑与学校考试成绩并不相关。

相关： 家中藏书多

无关： 几乎每天都听父母读书

家中藏书多的儿童确实在学校考试中能取得好成绩，但经常给孩子读书却对童年早期的考试成绩并无影响。

这似乎有些蹊跷，让我们回到最初的问题：父母的作用究竟有多大？体现在什么方面？

首先，看存在正相关关系的因素：家中藏书多，考试成绩更好。多数人看到这对相关因素，会以此推断出其中存在显而易见的因果关系。举个例子，男孩艾赛亚家里有很多藏书，他在学校的阅读考试中取得了优异的成绩，这一定是因为他的父母经常读书给他听。艾赛亚的朋友埃米莉家里也有很多藏书，但她几乎连碰都没碰过这些书，她更喜欢打扮她的布拉茨娃娃或看动画片，但她的考试分数与艾赛亚不相上下。相反，艾赛亚和埃米莉的朋友里基家里一本书都没有，但里基每天都跟妈妈一起去图书馆，可他在学校的考试成绩却不及埃米莉或艾赛亚。

这如何理解？如果读书对童年早期的考试成绩并无影响，那是否仅仅家中有藏书就可以让儿童变聪明？书籍是否对儿童的大脑有某种潜移默化的神奇影响？要真是这样，可能会有人打算装上一卡车的书，给所有育有学龄前儿童的家庭发书。

实际上，这正是伊利诺伊州州长的计划。2004 年年初，罗德·布拉戈耶维奇州长宣布该州计划每月寄一本书给每名已出生但未到上幼儿园年龄的儿童。该计划每年将耗资 2 600 万美元，因为布拉戈耶维奇认为，伊利诺伊州有 40% 的三年级学生阅读水平不达标，此举是至关重要的干预措施。

“一旦你有了（书），书为你所有，”他说，“变成你生活的一部分，这些都会让你意识到，书应该成为你生活中的一部分。”

因此，所有出生在伊利诺伊州的儿童到入学之时，家里都会有约 60 本藏书。这是否意味着他们的阅读成绩会有所提高?

想必不会。（不过我们或许永远无法证实这点。最后，伊利诺伊州的立法机关驳回了图书计划。）毕竟，“童年早期的纵向研究”的数据无法说明家中藏书导致了考试高分，只能说明二者存在相关关系。

如何解读这种相关关系？以下为可能的理论之一：会买大量童书的父母多数本身便聪明睿智、学历很高。（而且他们将自己的智慧和工作理念传授给了自己的孩子。）抑或他们本身便很注重教育，也关怀子女的总体发展。（他们创造了鼓励学习、学有所获的环境。）这样的父母或许和伊利诺伊州州长一样笃定不移地认为，所有童书都是开发儿童智力的不二法宝。但他们很可能错了，实际上，书并非智力提高的原因，而是智力出众的表现。

那么，这一切又如何解释育儿之道的总体效果呢？再来看一下“童年早期的纵向研究”中与学校考试成绩相关的 8 个因素：

父母学历高

父母拥有较高的社会经济地位

母亲在生育第一胎时的年龄为 30 岁或 30 岁以上

出生体重低

父母在家讲英语

是被收养儿童

父母参加家长教师联谊会

家中藏书多

以及无关的 8 个因素：

家庭完整

父母最近搬入了条件较好的小区

母亲在孩子出生后至上幼儿园之前不工作

参加过启智计划

定期随父母去博物馆

经常被打

经常看电视

几乎每天都听父母读书

笼统地讲，前 8 个因素是对父母特点的描述，后 8 个因素是对父母行为的描述。高学历、事业有成、身体健康的父母生育的子女往往能在学校取得优异成绩；但儿童是否去博物馆、是否被打、是否参加启智计划、是否经常听父母读书，或是否坐在电视机前不离身似乎对其成绩并无影响。

对于喜欢钻研养儿育女之道的父母和育儿专家来说，这或许是值得深思的发现。事实上，这些育儿之道似乎被严重高估了。

但这并不是说父母毫无影响，显然，父母对育儿而言关系重大。难点在于，当多数人准备拾起育儿经的时候，为时已晚，因为真正重要的因素——身份、配偶、生活方式——早已注定。如果你天资聪颖、踏实肯干、教育水平高、收入颇丰且配偶也条件相当，那你的孩子就有更大的概率能在生活中有所成就。（正直诚实、体贴周到、富有爱心、对世界充满好奇心想必也不会有害处。）而至于你的所作所为则并无太大影响，重要的是你本身的特质。

在一篇名为《经济成果的先天与后天学说》的论文中，经济学家布鲁斯·萨克多特对后天养育的长期影响进行了量化分析，他引用了三项收养儿童研究，其中两项来自美国，一项来自英国，三项研究均包含被收养儿童、养父母和亲生父母的详尽数据。萨克多特发现，收养儿童的父母在智商、学历和收入方面往往优于儿童的亲生父母，但养父母的优点对儿童的学校成绩影响甚微。“童年早期的纵向研究”的数据也表明，被收养儿童的学校成绩相对较差，而养父母施加的任何影响似乎都敌不过基因的力量。但萨克多特也发现，养父母并非永远无能为力，当被收养儿童长大成人时，他们已经摆脱了智商的限制，走上了完全不同的人生道路。与条件相似但未被收养的儿童相比，他们上大学、找到高收入工作、成年后结婚的概率明显更高。

萨克多特断定，扭转这一切的是养父母的影响。

第六章

完美父母续章

无论是否存在过度养育行为，所有父母都宁愿相信自己对子女的成长举足轻重。否则，又何必自讨没趣？

对父母影响的迷信，体现在正式为人父母之后的第一件事上，就是给孩子起名。当今，所有父母都知道，宝宝起名学大行其道，那些大量涌现的相关书籍、网站和起名顾问就是具体表现。不少父母似乎相信，孩子若是没有起对名字，就无法功成名就。人们认为，名字有审美意义，甚至可以昭示未来。

或许正是出于这个原因，一位名叫罗伯特·莱恩的纽约人在1958年决定给自己的儿子起名为“赢家”。莱恩夫妇住在哈莱姆区[①]的贫民区，此前已经育有数名子女，名字都相当普通，只有

① 哈莱姆区，纽约市曼哈顿的一个社区，曾是20世纪美国的黑人文化与商业中心，也是犯罪与贫困人口的集中区域。——译者注

这名男孩例外——罗伯特·莱恩显然对他别有预感。赢家·莱恩：有这样的名字，怎么可能一事无成？

3年后，莱恩夫妇再次诞下一子，这是他们的第七个也是最后一个孩子。出于令人无法参透的原因，罗伯特决定给这个儿子取名为“输家”。罗伯特似乎并不是对这名刚出世的儿子心怀不满，而仅仅是一时兴起，想试验一下两个名字对相同境遇的男孩所产生的影响。先是“赢家”，后是“输家”，如果说赢家·莱恩被寄予厚望，几无失败可能，那输家·莱恩呢，是否又有可能出人头地？

事实上，输家·莱恩确实出人头地了。他拿到了奖学金，上了预科学校，从宾夕法尼亚州的拉法耶特学院毕业，被招入了纽约市警察局（这是他母亲的夙愿）。他在警局里从警探干起，后晋升为警司。虽然他对自己的名字从不避讳，但许多人却叫不出口。

“所以我有了一大堆名字，”他说，“从吉米到詹姆斯，还有蒂米，他们想怎么叫就怎么叫，但他们很少叫我输家。”

他还说，在偶尔的情况下：“他们会加一点法国味儿——路西耶。”①

对于他的警局同僚来说，他的名字叫“卢”。

---

① 输家的原文为“Loser”，此处变形为“Losier”，故译为“路西耶”。下文的卢（Lou）同理。——译者注

而他那位名字为不会输的哥哥，情况又如何呢？现年 40 多岁的赢家 · 莱恩最令人瞩目的成就，就是罪行累累的前科记录：30 多次因入室盗窃、家暴、非法入侵、拒捕等劣迹而被捕。

如今，输家和赢家几乎已经断了来往，为他们取名的父亲也已不在人世。显然，他的想法——名字昭示命运——倒是没错，但他一定是把两个儿子弄反了。

最近有一宗案子，主角是 15 岁的女孩“荡妇”，她因行为不良被告上纽约的奥尔巴尼郡家事法庭。长久以来，法官 W. 丹尼斯 · 达根见识过犯人所取的一些奇怪名字，如有个少年名叫艾姆彻[①]，这个名字取自其父母踏进医院看到的第一件东西——奥尔巴尼医疗中心医院急诊室的标牌。但达根认为，“荡妇”算是他遇到过的最荒唐的名字。

“我把她遣出审判室，以便问她母亲，为何给自己的女儿取名为荡妇，”法官后来回忆道，“她说她当时在看《考斯比一家》[②]，很喜欢那名年轻的女演员。我告诉她那名女演员的名字应该是坦普赛特 · 布莱索[③]，她说她后来才发现他们拼错了名字。我问她知不知道‘荡妇’是什么意思，她说她也是后来才发现这点的。她

① 艾姆彻原文为“Amcher”，是奥尔巴尼医疗中心医院急诊室的缩写。——译者注

② 《考斯比一家》，美国 20 世纪八九十年代的电视情景喜剧。——译者注

③ “荡妇”英文为 temptress，坦普赛特 · 布莱索英文为 Tempestt Bledsoe，拼法相近。——译者注

的女儿被控行为出格，包括趁母亲上班将男人带回家。我问她母亲是否想过她女儿是人如其名。这些话，她多数都不知所云。”

“荡妇”是否真的如达根法官所言，是“人如其名”？假如她母亲给她取名为“贞洁”，她是否还会麻烦缠身？①

说“荡妇”的父母没脑子并不过分。她的母亲不仅想给她取名为“荡妇”，还愚笨到不知道该词为何意。从某种程度上说，名叫艾姆彻的男孩最终会被告上家事法庭，也就不足为奇了。连给孩子起名都懒得下功夫的人，很难算得上是完美父母。

那么你给自己孩子所取的名字是否会影响他的一生？还是说孩子的名字正是你本人生活的写照？无论是何情况，孩子的名字会向世界传达什么信号？最重要的是，名字真的有影响吗？

巧合的是，输家和赢家、荡妇和艾姆彻都是黑人，这仅仅是怪事一桩，还是说其中蕴含着有关名字与文化的大道理？

似乎每一代都会涌现出一些杰出学者，推动着黑人文化研究的发展，分析过“被白人同化”现象的青年黑人经济学家小罗兰·G. 弗赖尔或许就是此类学者之一。他的脱颖而出出人意料。他原本是一名成绩平平、家庭不和的高中生，凭借体育奖学金上了得州大学阿灵顿分校。大学期间，他发现了两件事：他很快发现进入 NFL 职业橄榄球大联盟或 NBA（美国职业篮球联赛）打

① 名叫“荡妇”的少女，鉴于给她取名字的母亲受教育程度较低，“荡妇”即便改名为“贞洁”恐怕也无济于事。——作者注

球是他永远无法企及的事情；他人生中头一次认真对待学业，进而发现自己其实在这方面颇有兴趣。在宾夕法尼亚州州立大学和芝加哥大学完成研究生学业后，年仅25岁的他被哈佛大学聘为教授。他对种族问题持公正坦率的观点，这为他赢得了卓著的声誉。

弗赖尔的方向是研究黑人成绩不佳的现象。

“你可以罗列出各种数据，证明黑人成绩并不理想，”他说，“你可以研究黑人与白人在未婚生子率、婴儿死亡率或平均寿命方面的差距，黑人是在学术能力评估测试中成绩最差的族群，黑人收入低于白人。现在，他们的情况仍然不理想，就是这样。我主要想研究黑人究竟错在哪里，并愿意为此奋斗终生。”

除了黑人与白人在经济和社会方面的差异，弗赖尔的研究兴趣还包括文化隔离。黑人与白人观看不同的电视节目，（《周一夜赛》[①]是唯一一个长年同时盘踞受二者喜爱的十佳榜单的节目；《宋飞正传》是有史以来最受欢迎的情景喜剧之一，却从未登上过黑人喜爱的50佳榜单。）他们抽不同牌子的香烟，（新港牌香烟在黑人青少年中占据了75%的市场份额，在白人中却仅有12%；白人青少年以万宝路为主。）黑人父母给孩子所取的名字也与白人截然不同。

---

① 《周一夜赛》，每周一期的美国橄榄球转播节目。——译者注

弗赖尔不禁思索：标新立异的黑人文化究竟是造成黑人与白人之间经济差距的原因，还是这种差距的表现？

和“童年早期的纵向研究”一样，弗赖尔想从海量的数据——1961年来所有出生于加利福尼亚州的儿童的出生证明信息——中寻找答案。这些数据涉及1 600万人的出生信息，不仅包括姓名、性别、种族、出生体重和父母的婚姻状况等基本信息，也包括更能说明问题的父母资料：他们所在地的邮政编码（以此可查出其社会经济地位及所住街区的种族构成）、医疗费用支付方式（这也能说明其经济状况）和受教育水平。

加州的数据证明了黑人与白人为子女所取的名字存在很大差异。而与之相对，白人与美籍亚裔父母为孩子所取的名字却大同小异；白人与美籍拉丁裔父母之间存在一定差异，但比起黑人与白人，这点差异微不足道。

数据还表明，黑人与白人之间的差异是近年才出现的现象，直到20世纪70年代初，尚有许多名字是黑人与白人通用的。1970年出生于黑人社区的女婴所起的名字在黑人中的普及度仅为白人的2倍。至1980年，黑人女婴所取的名字在黑人中间的普及度已经达到了白人的20倍之多。（男婴的名字也存在同样的趋势，但差异相对较小，这很可能是因为各个种族的父母为儿子所取的名字均不如女儿的名字标新立异。）鉴于这一变化的发生地点——非裔美国人运动盛行、人口密集的市区——和时间，最有可能导致黑人特有名字大量涌现的原因就是“黑人权利”运动。这一运动旨在弘扬非洲文化，驳斥黑人为劣等种族的观点。假如这场取名革命确因“黑人权利”运动而起，那这应该算得上是该运动最持久的残余影响。非洲式发型如今已经非常罕见，达西基[①]则更甚。黑豹党[②]创始人鲍比·西尔如今最著名的成就是推销过一系列烧烤产品。[③]

如今有很多黑人名字是黑人独有的。每年出生于加州的黑人女婴，有 40% 以上所取的名字在当年出生的白人女婴中的出现概率不到 1/100 000。更加令人称奇的是，有 30% 的黑人女婴所取的名字在当年出生在加州的所有女婴中是独一无二的，无论在白人还是黑人中间均无重复。（仅在 20 世纪 90 年代，就有 228 名女婴取名为尤妮克，乌妮克、尤内可和尤妮吉各有一例。[④]）即便是一些司空见惯的黑人名字，也鲜有白人采用。90 年代取名为黛佳的女婴共有 626 名，其中有 591 名为黑人。取名为普雷舍丝的女婴有 454 名，其中有 431 名为黑人。取名为仙妮丝的女婴有 318 名，其中有 310 名为黑人。

---

① 达西基，西非男子穿的花哨而宽松的衬衫或套衫。——译者注

② 黑豹党，20 世纪 60 年代活跃在美国的一个黑人左翼政党。——译者注

③ 鲍比·西尔曾于 1987 年写过一部烹饪书，名叫《与鲍比·西尔一起烧烤》。——译者注

④ 尤妮克（Unique），意为独一无二，乌妮克、尤内可和尤妮吉均为尤妮克的同音变体。——译者注

什么样的父母最有可能给孩子取黑人特有的名字？数据可以给出明确答案：未婚生子、收入微薄、受教育水平低、来自黑人街区且本人名字也属黑人特有的未成年妈妈。在弗赖尔看来，给孩子取带有鲜明黑人特色的名字是黑人父母为表示忠于黑人社区所做出的姿态。

“如果我给孩子起名为麦迪逊，”他说，“你可能会想，‘哦，你想住在铁轨对面，是吗？’”①

如果说黑人儿童学微积分、跳芭蕾会被视作“被白人同化”，弗赖尔说，给自己孩子取名为仙妮丝的母亲就是在“刻意彰显黑人本色”。

加州的数据显示，许多白人父母也表现出了同样强势的姿态，只是背道而驰。白人儿童所取的名字在白人中间的普及度要比在黑人中高出至少 4 倍。以康纳、科迪、埃米莉和阿比盖尔为例，在最近某 10 年的时间里，选择其中任意一个名字的加州儿童均至少有 2 000 名，其中仅有不到 2% 为黑人。

那么“最白人化”和“最黑人化”的名字分别有哪些呢？

那么名字偏白人化或黑人化会有什么影响？多年来，有一系列“核查研究”试图衡量人们对不同名字的看法。在某项很有代表性的核查研究中，研究人员将两份一模一样的（伪造）简历发

① 麦迪逊铁路是美国印第安纳州东南部的一条短线铁路。——译者注

给潜在雇主，一份用的是传统的白人名字，一份用的是外来名字或带有少数民族色彩的名字。结果，“白人”的简历总是能收到更多的面试通知。

表 6–1　“最白人化”的 20 个女名

1. 莫利	6. 马德琳	11. 詹纳	16. 霍利
2. 埃米	7. 凯特琳	12. 希瑟	17. 阿利森
3. 克莱尔	8. 埃玛	13. 凯瑟琳	18. 开特琳
4. 埃米莉	9. 阿比盖尔	14. 凯特林	19. 汉娜
5. 凯蒂	10. 卡利	15. 开特林	20. 凯瑟林

表 6–2　“最黑人化”的 20 个女名

1. 伊曼尼	6. 尼雅	11. 佳达	16. 贾斯敏
2. 埃博妮	7. 黛佳	12. 蒂拉	17. 贾丝敏
3. 仙妮丝	8. 戴蒙德	13. 蒂亚拉	18. 贾斯明
4. 阿丽雅	9. 亚细亚	14. 基亚拉	19. 亚历克苏丝
5. 普雷舍丝	10. 阿利亚	15. 贾丝明	20. 雷文

表 6–3　“最白人化”的 20 个男名

1. 杰克	6. 达斯廷	11. 科尔	16. 迪伦
2. 康纳	7. 卢克	12. 卢卡斯	17. 马克斯韦尔
3. 坦纳	8. 杰科	13. 布拉德利	18. 亨特
4. 怀亚特	9. 斯科特	14. 雅各布	19. 布雷特
5. 科迪	10. 洛根	15. 加勒特	20. 科林

表 6–4 “最黑人化”的 20 个男名

1. 德肖恩	6. 马利克	11. 迪米特里厄斯	16. 达赖厄斯
2. 德安德鲁	7. 特雷文	12. 雷金纳德	17. 泽维尔
3. 马奎斯	8. 蒂龙	13. 贾马尔	18. 特伦斯
4. 达内尔	9. 威利	14. 莫里斯	19. 安德烈
5. 特雷尔	10. 多米尼克	15. 杰伦	20. 达里尔

按照此类研究推断，假如德肖恩 · 威廉斯与杰克 · 威廉斯分别发一模一样的简历给同一家公司，杰克 · 威廉斯收到回复的概率更高。这样的研究虽引人注目，却有着严重的局限性，因其无法解释德肖恩没有收到回复的原因。他的简历被拒是因为公司老板存在种族歧视心理且认定德肖恩 · 威廉斯一定是黑人，还是因为“德肖恩”听起来像是家境贫寒、父母文化程度低的人？所以公司老板仅仅是认为“德肖恩”这个名字代表着出身贫寒，而出身贫寒的员工并不可靠，才不录用他。

而且，这些有关黑人与白人的核查研究也无法预估出面试的实际情况。假如公司老板确实存在种族歧视心理，却在不知情的情况下同意面试一名起了白人名字的黑人，那么他当面见过这名黑人求职者之后，录用率是否会有所提高？还是说这次面试对这名黑人求职者来说仅仅是一次尴尬难堪、令人气馁、浪费时间的经历？在这些方面，或许生活在黑人社区却取白人名字的黑人会承受经济损失，而在黑人社区取带有鲜明黑人色彩的名字又有什么潜在优势呢？由于无法衡量德肖恩·威廉斯与杰克·威廉斯这两名虚构人物的真实生活境况，所以这些核查研究无法评估出带有鲜明黑人色彩的名字在更加广泛的范围内所具有的影响。

或许德肖恩应该改名。

当然，改名是常有之事，纽约市民事法庭的职员最近汇报称，改名率已达到历史新高。有人改名纯粹是为了满足自己或许有些怪异的审美观，如年轻的纳塔利·杰里米金科和多尔顿·康利夫妇就将自己 4 岁的儿子改名为友·星·海诺·奥古斯塔斯·艾斯纳·亚历山大·韦泽·纳克尔兹·杰里米金科－康利。有人改名是出于经济考量，2004 年初，纽约电车司机迈克尔·戈德堡遭到枪杀，而事后报道称，戈德堡先生其实是生于印度的锡克教教徒，移民到纽约后，以为改成犹太名字会对自己有利。戈德堡的决定或许会令某些演艺界的人大惑不解，因为改掉犹太名字是演艺界古而有之的传统。因此，伊索尔·达尼耶洛维奇改名为柯克·道格拉斯[①]；威廉·莫里斯经纪公司[②]在同名创始人的带领下声名鹊起，但创始人原名却是泽尔曼·摩西。

问题在于，假如泽尔曼·摩西没有改名为威廉·莫里斯，他

---

① 柯克·道格拉斯，美国著名男演员，曾于 1996 年获奥斯卡终身成就奖，代表作有《夺得锦标归》《梵高传》《玉女奇男》等。——译者注

② 威廉·莫里斯经纪公司，美国著名经纪公司，创办于 1898 年，旗下巨星包括迈克尔·贝、克林特·伊斯特伍德、丹泽尔·华盛顿等。——译者注

是否还能获得同样的成功？假如德肖恩·威廉斯自称为杰克·威廉斯或康纳·威廉斯，他的境遇是否会有所改善？人们总是禁不住会有这种想法，正如有人会以为一卡车童书能提高儿童智力。

虽然核查研究无法真正衡量名字的影响，但加州的名字统计数据却可以。

加州的数据不仅包含婴儿的人口统计信息，还包括其母亲的受教育水平、收入水平，最重要的一点是她们的出生日期。通过最后一点，可以查出数十万出生在加州并在加州生育的母亲，然后将她们与本人的出生记录一一对应起来。这样一来，这些数据就会呈现出前所未闻、颇具说服力的规律：可以追查到这些女性的生活境况。这种数据链是研究人员所梦寐以求的，从中可以找出出生情况相似的一组儿童，并查到他们二三十年后的生活境况。在加州数据涉及的这数十万名妇女中，许多人取了带有鲜明黑人色彩的名字，也有许多人取了普通名字。利用回归分析法，控制可能影响人生轨迹的其他因素，即可估量出某一因素——在此案例中为妇女的名字——对其受教育水平、收入水平和健康状况的影响。

那么名字究竟是否有影响呢？

数据显示，平均而言，取黑人名字的人——无论是名叫伊曼尼的女性，还是名叫德肖恩的男性——生活境况确实不及名叫莫利的女性或名叫杰克的男性。但这并非名字之过，假如两名黑人男孩一个叫杰克·威廉斯，一个叫德肖恩·威廉斯，均生于同一街区，且家庭和经济状况相同，他们长大后可能会有相似的生活境况。但给儿子起名为杰克的父母往往不会和给儿子起名为德肖恩的父母住在同一街区，经济状况也大相径庭。正因如此，名叫杰克的男孩平均收入和受教育水平才会高于名叫德肖恩的男孩，取名德肖恩的男孩有较高的比例会因家境贫寒、教育水平低、单亲家庭而吃亏。名字仅仅是其生活境况的反映，而非原因。

假如德肖恩为自己改名为杰克或康纳，他的境况是否会有所改善？但凡是愿意为了在经济上有所成就而改名的人，正如那些参加择校抽签的芝加哥高中新生一样，至少有着很强的上进心，而上进心想必比名字更能预示一个人的成功。

正如“童年早期的纵向研究”所回答的育儿问题远远不止黑人与白人的分数之差，加州的名字统计数据所呈现的现象也远远不止黑人名字这一个。大体而言，这些数据让我们了解了父母对自身的认知，更重要的一点，反映了他们对自己的子女有何期望。

首要的一个问题就是，名字究竟起源于何处？这并非指名字的实际起源，多数名字的实际起源显而易见：有的源自《圣经》，有众多传统的英国、德国、意大利和法国名字，有公主皇妃的名字和嬉皮风的名字，有怀旧的名字，还有越来越多的人用名牌的名字（雷克萨斯、阿玛尼、百加得、添柏岚）和所谓的明志之名。

加州的数据显示，20 世纪 90 年代生人中有 8 人取名为哈佛（均为黑人），15 人取名为耶鲁（均为白人），18 人取名为普林斯顿（均为黑人）。没有人取名为医生，但有 3 人取名为律师（均为黑人），9 人取名为法官（其中有 8 人为白人），3 人取名为参议员（均为白人），2 人取名为总统（均为黑人）。此外还有凭空杜撰的名字。小罗兰 · G. 弗赖尔在某广播节目中探讨其名字研究时，接到一名黑人妇女的来电，她对自己刚出生的侄女所起的名字颇为不满，其发音为沙太德，却拼成了“Shithead”（白痴）。①

① 名叫白痴的女孩：当然，打电话给广播节目告诉小罗兰 · 弗赖尔自己有个侄女叫白痴的妇女可能是自己理解有误，甚至也有可能是信口雌黄。无论如何，觉得某些黑人名字太出格的人不止她一个。2004 年 5 月，在全国有色人种协会举办的布朗诉托皮卡教育局案 50 周年纪念庆典上，比尔 · 科斯比在演讲中严厉抨击了低收入黑人群体的种种自暴自弃行为，包括取带有“少数族裔”色彩的名字。科斯比旋即遭到了白人和黑人批评者的口诛笔伐。不久之后，加州教育部长理查德 · 赖尔登——家境殷实且为白人的洛杉矶前任市长——因被指有存在种族歧视色彩的不逊言论，而遭到抨击。赖尔登在访问圣巴巴拉市一座图书馆，推广某阅读项目时，遇到了一个名叫伊西斯的 6 岁女孩。她告诉赖尔登她的名字意为“埃及公主”。而赖尔登想插科打诨，回答道：“这名字的意思就是笨头笨脑、邋里邋遢的丫头片子。”这引得民愤四起，黑人活动家因此要求赖尔登下台。来自康普顿市、身为黑人的加州众议员默文 · 迪马利称伊西斯是个“非裔小女孩。他会这么对待白人女孩吗？”。然而，事实上，伊西斯是白人。某些活动家想让反对赖尔登的抗议活动继续下去，但伊西斯的母亲崔妮蒂却劝众人冷静下来。她解释称，她的女儿并没有把赖尔登的揶揄放在心上。“在我看来，”崔妮蒂说，“她觉得他头脑不太灵光。”——作者注

“白痴”虽未在大众中普及开来，但有些名字却能经历由罕见到大众的过程。名字会在民众中间经历怎样的变迁过程？其背后又有何原因？仅仅是时代风尚作祟，还是有某种理性解释？众所周知，名字不断地由盛转衰，又由衰转盛，比如索菲和马克斯一度濒临绝迹，现在却又再度流行起来。这些变迁是否存在着可识别的规律？

我们可以在加州的数据中寻找答案，而最终的结果也告诉我们，答案是肯定的。

这些数据所揭示的最耐人寻味的现象之一就是婴儿的名字与父母的社会经济地位之间存在相关关系。表 6–5 和表 6–6 分别是中等收入白人家庭与低收入白人家庭最常用的女名。（以下列表及下文其他列表均为 20 世纪 90 年代的数据，以确保样本规模较大且来自近期。）

表 6–5　中等收入白人群体最常用的女名

1. 萨拉	6. 阿曼达	11. 尼克尔	16. 珍妮弗
2. 埃米莉	7. 梅根	12. 泰勒	17. 亚历山德拉
3. 杰西卡	8. 萨曼莎	13. 伊丽莎白	18. 布列塔尼
4. 劳伦	9. 汉娜	14. 凯瑟琳	19. 丹妮尔
5. 阿什利	10. 雷切尔	15. 麦迪逊	20. 丽贝卡

表 6–6　低收入白人群体最常用的女名

1. 阿什利	6. 萨拉	11. 埃米莉	16. 斯蒂法妮
2. 杰西卡	7. 凯拉	12. 尼克尔	17. 珍妮弗
3. 阿曼达	8. 安布尔	13. 伊丽莎白	18. 汉娜
4. 萨曼莎	9. 梅根	14. 希瑟	19. 考特妮
5. 布列塔尼	10. 泰勒	15. 艾丽莎	20. 丽贝卡

表 6–5 与表 6–6 有诸多重复，但这些是所有名字当中最常用的，而且还需将数据的规模考虑在内。在列表中相差一名，可能就代表着数百名乃至数千名儿童的差距。因此，如果布列塔尼在低收入列表中排名第五，而在中等收入列表中排名第十八，你大可以断定布列塔尼显然是个下层名字。其他例子还要更加突出。两个列表中均有 5 个名字没有排入另一列表的前二十。表 6–7 至表 6–10 分别是上层家庭和下层家庭最常用的 5 个名字，顺序按照每个名字在两个类别中的相对差距排列。

表 6–7　最常用的上层白人女名

1. 亚历山德拉	4. 麦迪逊
2. 劳伦	5. 雷切尔
3. 凯瑟琳	

表 6–8　最常用的下层白人女名

1. 安布尔	4. 斯蒂法妮
2. 希瑟	5. 艾丽莎
3. 凯拉	

表 6–9　最常用的上层白人男名

1. 本杰明	4. 亚历山大
2. 塞缪尔	5. 安德鲁
3. 乔纳森	

表 6–10　最常用的下层白人男名

1. 科迪	4. 贾斯廷
2. 布兰登	5. 罗伯特
3. 安东尼	

鉴于收入与名字之间存在联系，且收入与教育也高度相关，父母的受教育水平与为子女所取的名字之间同样密切相关，这一发现不足为奇。表 6–11 至表 6–14 仍然是从白人儿童常用名数据库中抽取的数据，分别为高学历父母与低学历父母选择频率最高的名字。

表 6–11　高学历白人父母之女最常用的名字

1. 凯瑟琳	4. 朱莉娅
2. 埃玛	5. 雷切尔
3. 亚历山德拉	

表 6–12　低学历白人父母之女最常用的名字

1. 凯拉	4. 布列塔尼
2. 安布尔	5. 布莱安娜
3. 希瑟	

表 6–13　高学历白人父母之子最常用的名字

1. 本杰明	4. 约翰
2. 塞缪尔	5. 威廉
3. 亚历山大	

表 6–14　低学历白人父母之子最常用的名字

1. 科迪	4. 贾斯廷
2. 特拉维斯	5. 泰勒
3. 布兰登	

如将样本范围扩大至常用名之外，这一效应甚至更为显著。表 6–15 数据抽取自全加州的数据库，为与受教育水平最低的父母群体相对应的名字。

表 6–15　最能体现父母低学历的 20 个白人女名 *

（括号中为母亲的平均受教育年限）

1. 安杰尔（11.38）	11. 贾兹明（11.94）
2. 海文（11.46）	12. 夏恩（11.96）
3. 米丝蒂（11.61）	13. 布列塔妮（12.05）

（续表）

4. 德斯蒂妮（11.66）	14. 默西迪丝（12.06）
5. 布伦达（11.71）	15. 蒂法尼（12.08）
6. 塔巴莎（11.81）	16. 阿什利（12.11）
7. 博比（11.87）	17. 唐亚（12.13）
8. 布兰迪（11.89）	18. 克里斯特尔（12.15）
9. 德斯蒂尼（11.91）	19. 布兰蒂（12.16）
10. 辛迪（11.92）	20. 布兰帝（12.17）

* 出现频率均不低于 100 次

假如你本人或所爱之人名叫辛迪或布伦达，年龄在 40 岁以上，且认为在以前这两个名字并非低学历家庭的常用名，那你的看法也没错。这两个名字和其他许多名字一样，在近年来经历了迅猛的兴衰变迁。在其他低学历名字中，有的显然是把规范的名字有意无意地拼错了。在多数情况下，这些名字的规范拼法——塔比莎、夏安、蒂法妮、布列塔尼与贾斯明——也表明父母受教育水平较低。表 6–16 单个名字的不同拼法也能体现出巨大的差异。

表 6–16 “贾斯明”的各种拼法（按母亲教育水平由低到高排列）

（括号中为母亲的受教育年限）

1. 贾丝明（11.94）	6. 贾斯米娜（12.50）
2. 贾丝名（12.08）	7. 贾丝民（12.77）
3. 贾子敏（12.14）	8. 贾斯明（12.88）

（续表）

4. 贾子明（12.16）	9. 贾斯敏（13.12）
5. 贾斯名（12.18）	10. 贾斯民（13.23）

表 6–17 是低学历白人男名列表，其中包括少数几个拼写错误的形式（麦克尔与台乐[①]），但更常见的还是将昵称用作正式名字的现象。

表 6–17　昵称及其对应的正式名字如下：

里基：理查德	约翰尼：约翰	罗尼：罗纳德
乔伊：约瑟夫	拉里：劳伦斯	兰迪：兰德尔 / 伦道夫
吉米：詹姆斯	史蒂夫：史蒂芬	杰里：杰拉尔德 / 杰里米
比利：威廉	汤米：托马斯	特里：特伦斯
博比：罗伯特	托尼：安东尼 / 安东尼奥	丹尼：丹尼尔

表 6–18 统计了 20 个白人男名与父母低学历相关。

表 6–18　最能体现父母低学历的 20 个白人男名 *

（括号中为母亲受教育年限）

1. 里基（11.55）	11. 汤米（11.89）
2. 乔伊（11.65）	12. 托尼（11.96）
3. 杰西（11.66）	13. 麦克尔（11.98）

① 麦克尔与台乐，原文此处为 Micheal 和 Tylor，正确拼法为 Michael（迈克尔）和 Tayler（泰勒）。——译者注

（续表）

4. 吉米（11.66）	14. 罗尼（12.03）
5. 比利（11.69）	15. 兰迪（12.07）
6. 博比（11.74）	16. 杰里（12.08）
7. 约翰尼（11.75）	17. 台乐（12.14）
8. 拉里（11.80）	18. 特里（12.15）
9. 埃德加（11.81）	19. 丹尼（12.17）
10. 史蒂夫（11.84）	20. 哈利（12.22）

* 出现频率均不低于 100 次

表 6–19 是与受教育水平最高的父母群体相对应的名字。无论是发音还是美感，这些名字与低学历名字均无太多共同之处。女名风格各异，但都有一定的文学或艺术色彩。对于想给孩子起个“聪慧”名字的父母，请记住这样的名字无法让你的孩子变聪慧，却可以让她和其他聪明孩子同名——至少短时期内如此。

表 6–19　最能体现父母高学历的 20 个女名 *

（括号中为母亲的受教育年限）

1. 露茜恩（16.60）	11. 罗特姆（16.08）
2. 玛丽 – 克莱尔（16.50）	12. 乌娜（16.00）
3. 格林妮丝（16.40）	13. 亚塔拉（16.00）
4. 阿代尔（16.36）	14. 林登（15.94）
5. 梅拉（16.27）	15. 韦弗利（15.93）
6. 比阿特丽克斯（16.26）	16. 佐菲亚（15.88）

（续表）

7. 克莱门婷（16.23）	17. 帕斯卡尔（15.82）
8. 菲利帕（16.21）	18. 埃莉诺拉（15.80）
9. 阿维娃（16.18）	19. 艾莉卡（15.80）
10. 弗兰纳里（16.10）	20. 尼卡（15.77）

* 出现频率不低于 100 次

表 6–20 是近年来高学历家庭出现的男名。列表中的希伯来名字比重较大，且传统爱尔兰名字显然有增多之势。

表 6–20　最能体现父母高学历的 20 个男名 *

（括号中为母亲的受教育年限）

1. 多夫（16.50）	11. 芬尼根（16.13）
2. 阿齐瓦（16.42）	12. 麦格雷戈（16.10）
3. 桑德（16.29）	13. 弗洛里安（15.94）
4. 扬妮克（16.20）	14. 泽夫（15.92）
5. 萨夏（16.18）	15. 贝克特（15.91）
6. 吉约姆（16.17）	16. 奇亚（15.90）
7. 埃隆（16.16）	17. 阿什孔（15.84）
8. 安塞尔（16.14）	18. 哈珀（15.83）
9. 尤纳（16.14）	19. 萨姆纳（15.77）
10. 托尔（16.13）	20. 考尔德（15.75）

* 出现频率不低于 100 次

如果表 6–20 中有很多名字你不熟悉，不要觉得自卑，即便是向来少于女名的男名，数量也在猛增，言外之意，如今所谓最热门的名字常见度也不如过去的常用名。比如表 6–21 中，分别于 1990 年与 2000 年出生在加州的黑人男婴最常用的 10 个名字。1990 年，共有 3 375 名儿童取了排名前十的名字（在当年出生的儿童中占 18.7%），而在 2000 年，仅有 2 115 名儿童取了排名前十的名字（在当年出生的儿童中仅占 14.6%）。

表 6–21　最热门的黑人男名

（括号中为使用频率）

1990 年	2000 年
1. 迈克尔（532）	1. 以赛亚（308）
2. 克里斯托夫（531）	2. 乔丹（267）
3. 安东尼（395）	3. 以利亚（262）
4. 布兰登（323）	4. 迈克尔（235）
5. 詹姆斯（303）	5. 约书亚（218）
6. 约书亚（301）	6. 安东尼（208）
7. 罗伯特（276）	7. 克里斯托弗（169）
8. 戴维（243）	8. 杰伦（159）
9. 凯文（240）	9. 布兰登（148）
10. 贾斯廷（231）	10. 贾斯廷（141）

10 年间，即便是黑人男孩中最普遍的名字（1990 年 532 人名叫迈克尔），使用频率也出现了大幅下降（2000 年 308 人名叫以

赛亚）。因此，父母显然在取名方面越来越别出心裁。但表 6–21 中还有另一值得关注的变化：变更频率很高。请注意，1990 年的 4 个名字（詹姆斯、罗伯特、戴维和凯文）掉出了 2000 年的前十榜单。诚然，这 4 个名字本来就排在 1990 年榜单的末位，但取代它们进入 2000 年榜单的名字却并非排名靠后。实际上，三个新名字——以赛亚、乔丹和以利亚——分列 2000 年的前三名。关于名字的兴衰循环，更为突出的例子请看表 6–22，分别于 1960 年和 2000 年在加州出生的白人女婴最常用的 10 个名字。

表 6–22　最热门的白人女名

1960 年	2000 年
1. 苏珊	1. 埃米莉
2. 莉萨	2. 汉娜
3. 卡伦	3. 麦迪逊
4. 玛丽	4. 萨拉
5. 辛西娅	5. 萨曼莎
6. 德博拉	6. 劳伦
7. 琳达	7. 阿什利
8. 帕特里夏	8. 埃玛
9. 黛布拉	9. 泰勒
10. 桑德拉	10. 梅根

1960 年的前十名中，没有一个名字留在 2000 年的前十。但你会说，40 年不落伍是很难的事。那么，看看表 6–23，对比一下如今与仅仅 20 年前最热门的 10 个名字，结果会如何呢？

表 6–23　最热门的白人女名

1980 年	2000 年
1. 珍妮弗	1. 埃米莉
2. 萨拉	2. 汉娜
3. 梅丽莎	3. 麦迪逊
4. 杰西卡	4. 萨拉
5. 克里斯蒂娜	5. 萨曼莎
6. 阿曼达	6. 劳伦
7. 尼科尔	7. 阿什利
8. 米歇尔	8. 埃玛
9. 希瑟	9. 泰勒
10. 安布尔	10. 梅根

只有一个名字留在了榜单上：萨拉。埃米莉、埃玛和劳伦这些名字起源于何处？麦迪逊这种名字又是从哪里来的？[①] 显而易见，新名字的蹿红速度非常快——但原因何在？

① 几乎可以肯定，麦迪逊这一名字来自 1984 年的电影《美人鱼》。达丽尔 · 汉娜在其中饰演一名美人鱼，她登上纽约市的海滩，以麦迪逊大道的路牌为自己命名。在普通人中，这一原本极其罕见的名字迅速蹿红，常年在前五名中占据一席。——作者注

让我们再来观察一下前文出现的两个列表。以下是20世纪90年代分别生于低收入家庭与中高收入家庭的女婴最常用的名字。

表6–24　20世纪90年代最常用的中高收入家庭白人女婴名

1. 亚历山德拉	4. 麦迪逊
2. 劳伦	5. 雷切尔
3. 凯瑟琳	

表6–25　20世纪90年代最常用的低收入家庭白人女婴名

1. 安布尔	4. 斯蒂法妮
2. 希瑟	5. 艾丽莎
3. 凯拉	

有什么发现吗？或许你想将这些名字与表6–23的“最热门的白人女名”对比一下，表6–23分别列出了1980年与2000年总体排名前十的名字。90年代最热门的两个中高收入家庭女婴名——劳伦与麦迪逊——排入了2000年的前十。而与之相反，1980年最热门的两个名字——安布尔与希瑟——如今却排进了低收入家庭名字榜单。

这体现出一条显而易见的规律：一旦某个名字在高收入群体——高学历父母——当中普及开来，这一名字所流行的社会经济阶层就会逐渐下移。安布尔与希瑟最初是上层名字，斯蒂法妮与布列塔尼也是如此。在上层阶级中，每有一名女婴取名为斯蒂法妮或布列塔尼，其后10年内就会有五名来自低收入家庭的女婴也取同样的名字。

那么这些下层家庭所取的名字来自何处呢？不少人以为让人们对某些名字趋之若鹜的是名人效应。但实际上，名人对婴儿起名影响甚微。截至2000年，流行天后麦当娜在全世界的唱片销量已达到1.3亿张，但学她名字的人还不到10个——此处仍指加州的数据。或者想想如今无处不见的布列塔尼、布兰妮、布列塔倪、布列塔妮、布莱妮和布列特尼，你可能会想到小甜甜布兰妮。但实际上，她只是布列塔尼/布兰妮/布列塔倪/布列塔妮/布莱妮/布列特尼风行一时的表现，而非原因。该名最常见的拼法——布列塔妮——在上层家庭中名列第18位，而在下层家庭中名列第5位，所以这股热潮显然气数将尽。几十年前，秀兰·邓波儿也是秀兰这一名字大行其道的一个表现，如今的人们却常常以为她是这股潮流兴起的原因。（值得注意的另外一点是，秀兰、卡罗尔、莱斯利、希拉里、雷内、斯泰西、特雷西等不少女名最初都是男名，却鲜有女名被用作男名。）

因此，引领起名风尚的并非名人，而是几个街区外房子更大、车子更新的那户人家；是那些最先给女儿取名为安布尔或希瑟，如今又换成劳伦或麦迪逊的人家；是那些以前给儿子取名为贾斯廷或布兰登，现在又换成亚历山大或本杰明的人家。父母不愿意用太亲近之人——亲朋好友——的名字，却有意或无意地钟情于那些听起来像“成功人士”的名字。

但随着某个上层名字为大众所采纳，上层阶级的父母开始弃之不用。最终，它成了烂大街的名字，连下层阶级的父母也看不上眼，这个名字就此被束之高阁了。而与此同时，下层阶级的父母则开始寻找下一个上层阶级父母看上的名字。

因此，显而易见：给自己孩子取名为亚历山德拉、劳伦、凯瑟琳、麦迪逊和雷切尔的父母不要指望这些名字还能红多久，它们已经出现了泛滥之势。那么，新的上层名字会来自何处呢？

表 6–19 和表 6–20 列有加州“最聪慧”的男女名字，要是其中那些仍然鲜为人知的名字最终成了新的上层名字，一定不足为奇。诚然，其中有些名字——乌娜、格林妮丝、弗洛里安和奇亚——势必会一直鲜有人用。尽管如今有不少主流名字（戴维、乔纳森、塞缪尔、本杰明、雷切尔、汉娜、萨拉、丽贝卡）显然都是来自《圣经》中的希伯来名字，但多数希伯来名字（罗特姆、佐菲亚、阿齐瓦和泽夫）想必也仍然会小众下去。阿维娃或许会成为唯一一个火起来的现代希伯来名字，因为它朗朗上口、悦耳、活泼且可有一定变体。

以下从“聪慧”名字数据库中选取的名字，是目前上层名字的一部分。其中，有些名字乍看起来似无流行起来的可能，却势必会成为未来的主流名字。也许你会嗤之以鼻，但试问，论荒唐程度，以下有哪个名字能比得过10年前的“麦迪逊”？

表 6–26　2015 年最热门的女名？

阿妮卡	埃莉诺拉	伊莎贝尔	玛雅
安斯蕾	艾拉	凯特	菲利帕
艾娃	埃玛	拉拉	菲比
艾弗莉	菲奥纳	林登	奎因
阿维娃	弗兰纳里	梅芙	索菲
克莱门婷	格雷斯	玛丽－克莱尔	韦弗利

表 6–27　2015 年最热门的男名？

艾丹	贝内特	乔安	里根
奥尔多	卡特	肯扬	桑德
安德森	库珀	利亚姆	萨姆纳
安塞尔	芬尼根	马克西米利安	威尔
阿舍	哈珀	麦格雷戈	
贝克特	杰克逊	奥利弗	

显然，父母为孩子起名时会有各种各样的考虑，他们或想中规中矩，或想不拘一格，或想与众不同，或想追赶潮流，但要说所有父母不管是有意还是无意——都想给孩子取一个“聪慧”或“上层”的名字，这就言过其实了。无论他们所取的名字是赢家还

是输家，是麦迪逊还是安布尔，是白痴还是桑德，是德肖恩还是杰克，他们均无一例外地想通过取名来表达某些观念。加州的名字数据表明，绝大多数父母会通过取名来表达望子成龙的殷念。尽管名字不会起到一丝一毫的作用，但父母至少可以心安理得地觉得自己从一开始就尽了心力。

通往哈佛的两条道路

读到现在，或许你已经看出，正如本书开头所说的，本书确实没有“统一的主题”。

虽然没有统一主题，至少有一条共同的主线贯穿于本书在日常生活中的应用，这与理性思考人们在真实世界中的行为方式有关，一切只需全新的观察、辨别和衡量方式。这并不见得是什么难事，也无须复杂缜密的思维。实际上，我们已经分析出了普通黑帮分子或相扑力士自己琢磨出来的东西，只不过我们只能逆向推导。

挖掘这些想法的能力是否能大幅改善你的生活质量？想必不会。或许你会在游泳池旁围上坚固结实的门，或督促你的房地产中介多下点功夫，但实际效果很可能并不会那般显而易见。你或许会对传统观念多几分怀疑，或许会开始寻找事物并非表里如一的蛛丝马迹，或许会找出一些数据进行筛选，权衡自己的理性与感性认识，得出全新的观点。这些新观点有的或许会令你反感，甚至不得人心。堕胎合法化导致犯罪率大幅下降的观点难免会引起强烈的道德谴责，但实际上，魔鬼经济学式的思维并不会将道德考虑在内。正如本书开头部分所言，如果说道德代表理想世界，经济学则代表着现实世界。

读完本书，最有可能出现的结果是：你可能会发现自己爱提问题了。尽管许多问题问了也是徒劳，但有些问题会得出耐人寻味甚至出人意料的答案。

数据已经表明，父母对孩子的成长在某些方面确实很重要，因为这些方面的影响多数早在孩子出生之前就已注定，而在有些方面则毫无影响，比如让我们执迷不悟的那些育儿之道。父母望子成龙，满腹期许，甚至绞尽脑汁也要给孩子起个上层名字，这无可厚非。

但是，即使是最好的育儿努力，也会受到巨大的随机影响。即便是十全十美的父母，也有可能会因为努力地管教孩子，最终却弄巧成拙，一生的心血付诸东流。相反，有的父母心地邪恶、行事乖张，孩子却很有成就。

回想一下第五章所讲的两个男孩，一个是白人，一个是黑人，白人男孩成长于芝加哥郊区，父母博学多识，家境殷实，黑人男孩来自代托纳比奇，自幼被母亲遗弃，经常遭到父亲殴打，十几岁便成了一个老练的帮匪。结果，这两名男孩各自长成了什么样的人呢？

黑人男孩就是现年 28 岁、研究黑人成绩不佳现象的哈佛大学经济学家小罗兰 · G. 弗赖尔。

白人男孩也考入了哈佛大学，但不久，他的情况便急转直下，最终锒铛入狱。他的名字叫作特德 · 卡钦斯基[①]。

---

① 特德 · 卡钦斯基，即西奥多 · 卡钦斯基，16 岁便考入哈佛大学，曾任伯克利大学数学系助理教授。他是多起连环爆炸案的主谋、恐怖分子、反科技人士，曾自制炸弹寄给科技研究者、航空公司等，被称为“炸弹怪客”，最终于 1998 年被判终身监禁。——译者注

FREAKONOMICS

附　录

房地产中介欺骗你的概率

《纽约时报杂志》“魔鬼经济学”专栏文选

作者问答

房地产中介欺骗你的概率

——探索声名大噪的青年经济学家史蒂芬·列维特的奇思妙想

史蒂芬·都伯纳

《纽约时报杂志》

6月中旬，一个阳光灿烂的日子。

史蒂芬·列维特，美国最杰出的青年经济学家——至少由其前辈组成的评审团是这么认为的——开着一辆年头已久的绿色雪佛兰骑士，在芝加哥南区的一处红灯前停了下来。车的仪表盘上布满灰尘，车窗也关不严实，高速行驶时还会作响。

晌午时分的街道十分静谧。

加油站，还有那嵌着胶合板窗户的砖混建筑，看上去一眼望不到头。

一个流浪汉，穿着一件破破烂烂的夹克衫，戴着一顶脏兮兮的红色棒球帽，走了过来。他手里拿一个牌子，上面写着无家可归，求人施舍点儿钱财。

经济学家没有锁门，也没有把车往前挪，也没有翻身找零钱，他就瞪眼看着，无动于衷。

过了一会儿，流浪汉走开了。

“他耳机不错，”经济学家一边说，一边透过后视镜，不舍地看着那名流浪汉，“起码比我的好。不过除此之外，看起来他没有多少财产了。”

史蒂芬·列维特看待事物的方式往往与众不同，甚至也与一般的经济学家相左，这无可厚非，全看你对经济学家有何看法。

众所周知，经济学家总是对各类货币话题滔滔不绝。但是，你要问列维特对某些常规经济问题有何看法，他大概会撩开额前的刘海，表示一无所知。

“我早就放弃了不懂装懂的做法，”他说，“对于经济学领域，我所知甚少。我对数学不在行，对计量经济学不甚了解，也不知道如何做理论研究。如果你问我股市是涨是跌，经济是兴是衰，通货紧缩是喜是忧，或是税务问题，我要敢说自己对这些话题中的任意一个有半点了解，那我就是完全在骗你。”

如列维特所见，经济学这门学科，拥有各种寻找答案的有效工具，但耐人寻味的问题却寥寥无几。而他的一大专长，就是提出这样的问题，如：如果说毒贩子能大发其财，为何他们还和自己的母亲住在一起？枪和游泳池，哪个的危险系数更高？在过去的 10 年里，造成犯罪率骤降的真正原因是什么？房地产中介是否真的把为客户谋求最佳利益放在了心上？为何黑人父母喜欢给孩子取有碍其职业前途的名字？教师是否会为了达标，在高标准测验中作弊？相扑比赛中是否存在腐败行为？流浪汉为什么买得起 50 美元的耳机？

许多人——包括他的不少同行——或许并不承认列维特的研究和经济学沾边。但他所做的，却将这门所谓死气沉沉的学科去繁就简，提炼至其最根本的宗旨：阐明人们如何才能如愿以偿，或满足需求。

有别于多数学者的是，他并不避讳使用个人的观察结果和好奇心，也不避讳秘闻野史和趣闻逸事，但他对微积分却避之唯恐不及。

他是直觉主义者，他翻阅大量数据，去寻找前人未曾发现的故事。

他推测出的测评方式，可以测评资深经济学家口中的不可测效应。

不过，最让他乐此不疲的话题——虽然他声称自己从未染指过这些勾当——是诈骗、腐败和犯罪。

相反的，他对流浪汉的耳机没多久就兴味索然了。

“或许，”他过了一会儿说，“这仅仅证明了我这人太过散漫，连自己想要的耳机都没买。”

列维特是第一个承认自己的研究课题是些细枝末节的人。但事实证明，他是个才智过人的研究者，也是个眼光独到的思想家，因此才并未在经济学的边缘领域徘徊不前，相反，他向其他经济学家证明了经济学工具可以有效分析现实世界。

“列维特被奉为神人，是经济学界乃至整个社会科学界最有才华的人之一，”加州理工学院经济学家科林·卡默勒说道，“他代表着所有经济学研究生初入校园时对自己未来的憧憬，但他们的灵感火花却常常被没完没了的数学作业消耗殆尽，尽管数学也是一种用以分析事物的智力推理方式。”

列维特是个亲民的经济学家，而经济学领域也正处于大众化推广期，以至于名牌学府的经济学系招收了大批本科生。在人们眼中，经济学完美结合了学术声誉（毕竟设有诺贝尔经济学奖）与进入金融行业、飞黄腾达所需的实习训练（除非你像列维特一样，选择留在学术界）。与此同时，由于人们对股市行情的热情不减，对艾伦·格林斯潘的关注度居高不下，因此经济学在现实世界中的曝光度也越来越高。

然而，学术思潮的强弱变化引起了经济学领域的重大变革：微观经济学的风头逐渐赶上了宏观经济学；实证派开始胜过规范派；行为经济学家开始质疑“经济人”这一概念；各式各样的青年经济学家更倾向于研究世俗的课题并借鉴相邻学科——心理学、犯罪学、社会学乃至神经学——以避免让经济学一味地依赖于数学模型。

列维特在任何地方都可以如鱼得水，但无论他在哪里都是个另类。他的思维变幻无常，没有人可以束缚住他——克林顿的经纪团队曾为他提供过一个职位；布什的竞选团队曾联系过他，想邀请他做犯罪顾问——但他依然能获得广泛的赞誉。

“史蒂芬并非名副其实的行为经济学家，但他们却乐于接纳他为他们的一员，”芝加哥大学商学院经济学教师奥斯坦·古尔斯比称，“他并非传统的价格理论家，然而芝加哥的同行却愿意争取他。他并非典型的剑桥人（虽然列维特先后上过哈佛大学和麻省理工学院），但他们欢迎他回归。”

当然，也有人批评他。得克萨斯大学的知名劳动经济学家丹尼尔·哈默梅什为本科生讲过列维特的论文——《堕胎合法化对犯罪的影响》。

“我仔细读过这篇论文的草稿、正式印刷版，我无论如何也看不出其中有什么漏洞，”哈默梅什说，“但话说回来，我却一个字都不信。包括他关于相扑力士的理论——除非你是体重 500 磅的日本人，否则就没什么意义。”

但年仅 36 岁的列维特已经成了芝加哥大学经济学系（全美最负盛名的经济学系）的终身教授。他入职仅两年便获得了终身教职。他为经济学领域的主流刊物《政治经济学杂志》担任编辑；美国经济学会也刚刚为他颁发了约翰·贝茨·克拉克奖章（该奖章两年颁发一次，用以表彰美国最杰出的 40 岁以下的经济学家）。

他是个成果颇丰、涉猎广泛的作家。但那篇论证堕胎率上升与犯罪率下降关系的论文所引发的争议却超过了其他所有论文引起的争议总和。列维特与来自斯坦福大学法学院的共同作者约翰·多诺霍认为，20 世纪 90 年代初以来犯罪率的暴跌有一半可以归功于“罗诉韦德案”。他们的逻辑是：有证据表明，最有可能选择堕胎的女性——穷困潦倒、未婚先孕的黑人或未成年妈妈——所怀的孩子一旦出世，会成为犯罪概率最高的群体。但由于这些胎儿并未出世，到了他们本应在犯罪界大展拳脚的时候，犯罪率就开始下降。在谈话中，列维特以三段论将这一理论概括如下：“意外怀孕生育导致犯罪率居高不下，而堕胎减少了意外怀孕的生育率，因此，堕胎导致了犯罪率的下降。”

列维特发表过多篇有关犯罪与刑罚的文章，他在研究生时期写过的一篇论文至今仍然经常被引用。他提出的问题看似简单：扩充警力是否能减少犯罪？答案似乎显而易见——可以，但这无从证明，因为警员人数往往会随着犯罪率的上升而增加，警察的效率难以衡量。

列维特需要一种可以排除犯罪率与警力扩充之间关系的途径。最终，他从政界找到了突破口：他发现谋求连任的市长和州长往往会增加警力。通过计算此种情况下的警力扩充对犯罪率的影响，他得以证实增加警力确实可以打击暴力犯罪。

这篇论文后来遭到了质疑，因为另一名研究生发现其中有一处严重的计算错误，但这无碍列维特彰显其聪明才智，他开始被奉为去繁就简、以巧取胜的大师。这宛如一出滑稽剧，他看着所有工程师如没头苍蝇一般鼓捣一台坏掉的机器，却发现谁也没想起先把插头插上。

警察有助于打击犯罪的观点没有让列维特树敌，但堕胎减少犯罪的观点就是另一回事了。

在那篇发表于2001年、有关堕胎的论文中，他与多诺霍警告称他们的发现不应被视作“认可堕胎或呼吁国家对女性决定进行干预的言论”。他们提出，“为最有可能走上犯罪道路的儿童提供更好的环境”，或许对打击犯罪同样有效。

尽管如此，这一话题还是触了众怒：保守派义愤填膺，因为堕胎居然可以被当作打击犯罪的工具；自由派也大为震惊，因为贫困的黑人妇女受到了区别对待；经济学家质疑称列维特的研究方法并不合理。毕竟，三段论可以指鹿为马：凡猫皆有一死；苏格拉底已死；所以苏格拉底是猫。

“我认为他在诸多领域都聪明绝顶，对反向因果关系尤为关注，”

来自纽约市立大学柏鲁克分校、撰文批评这篇堕胎论文的经济学家特德·乔伊斯称，“但这一次，我认为他忽略了它，或者推理不够完善。”

随着新闻媒体对堕胎与犯罪理论展开铺天盖地的报道，列维特遭到了直接的抨击，他被斥为空想家（保守派和自由派对此口径一致）、优生论者、种族主义者和十恶不赦之人。

在现实中，他似乎和这些形象都不沾边。他对政治兴趣寥寥，更不喜欢道德说教；他是个亲切和善、行事低调、镇定自若、自信却不自大的人；他是一位受人尊敬的教师和同事；他是个备受追捧的合作者；由于涉猎广泛，他常常同经济学领域以外的学者合作——这对经济学家来说，也是罕见的事。

“不知话该不该这样说，但史蒂芬确实是个骗子，这么说毫无恶意，”哥伦比亚大学社会学家素德·文卡特斯说，“他就像莎士比亚戏剧中的小丑，他会让你以为他的创意是你想出来的。”

文卡特斯与列维特合著了《对贩毒团伙财务状况的经济学分析》一文，他们发现普通的街头毒贩仍然与母亲同住，因为他们到手的工资少得可怜。文章以分析企业的方式分析了某贩毒团伙的财务活动，这种事情前人未曾涉足过。

“这一课题缺乏关注度，”列维特在该文章的一个版本中不带感情色彩地写道，“原因之一或许是鲜有经济学家参与过黑帮研究。”

列维特说话有些口齿不清，像个孩子。他外表看起来是个十足的书呆子：领尖有纽扣的方格衬衫、俗不可耐的卡其布裤子、编织皮带、舒适的平底鞋。他的袖珍台历印有美国国家经济研究局的标识。

“真希望他一年里的发型能超过三种，”妻子珍妮特说，“也希望他换掉那副 15 年前买的眼镜，那副眼镜买的时候就过时了。”

他在高中时还是个高尔夫球高手，但现在身体状况已大不如前。因此，他自嘲是“世上最弱不禁风的人”，甚至会跑遍整个屋子找珍妮特开罐子。

换言之，无论是外表还是举止，都看不出他是个好事者。他会告诉你，他所做的无非是夜以继日地伏案研究稀奇古怪、堆积如山的数据。他会告诉你，他愿意无偿做这些研究（据说他的年薪为 20 多万美元），而且你往往会信他。或许挑拨是非并非他的本意，但他的所作所为最终还是起到了这样的效果。

尤其令他乐此不疲的是抓坏人。在一篇论文中，他设计了一套算法，可以查出芝加哥公立学校系统内有作弊行为的教师。

“相较于普通考场，作弊考场在很多方面都存在有规律可循的异常之处，”列维特及肯尼迪政府学院的布赖恩 · 雅各布在二人合著的《抓住作弊教师》一文中写道，“例如，作弊考场的考生在作弊当年的考试成绩会出现过大的进步幅度，但在其后一年，没了作弊带来的优势，他们的成绩仅有小幅提高，甚至可能出现倒退。”

列维特使用的是芝加哥学校的考试成绩数据，这些数据其他研究者也可以用。他发现，教师的作弊方式有很多：脸皮够厚（且智商堪忧）的教师可能会直接向学生公布正确答案，或者他们也可能在考试结束后擦掉学生的错误答案，填上正确答案；狡猾老练的作弊者会注意避免出现太过显眼的雷同答案串，但列维特棋高一着。

“分析可疑答案串的第一步，是估算每名儿童回答每个问题时选择某个选项的概率，”他写道，“估算的方法就是使用多元罗吉特模型，并将学生的往届成绩、人口统计学数据和社会经济特征作为解释变量。”

因此，通过测量任意数量的因素——每道题目的难度、考生答对难题却答错简单题目的次数、某一考场内某些答卷答案的相关程度，列维特查出了在他看来存在作弊行为的教师。（或许同样可贵的一点是，他也识别出了真正的优秀教师。）芝加哥公立学校系统并未质疑列维特的发现，反而邀请他到学校里组织重考。结果，作弊的教师遭到了解雇。

此外，还有他即将发表的《了解20世纪90年代犯罪率下降的原因：可以解释犯罪率下降的四个因素和七个无关因素》一文。列维特称，这次犯罪率下降完全归功于警力扩充、入狱率增加、快克热潮的衰退和“罗诉韦德案”。

他认为，有一个因素很可能毫无影响，即鲁道夫·朱利亚尼和威廉·布拉顿在纽约鼓吹的新型治安策略。

“我想，”列维特说，“这么说的人差不多只有我一个。”

他出生于一个明尼阿波利斯家庭，家中不乏功成名就之人，但他们的成就或许有些不同寻常：他的父亲是医疗研究人员，被誉为肠胃胀气领域的泰斗（他本人自嘲是“让放屁上了台面、让肠胃气进了课堂的人”）；列维特的一位伯祖父罗伯特·梅创作了《红鼻驯鹿鲁道夫》一书；而他的另一位伯祖父约翰尼·马克斯后来创作了同名歌曲。

在哈佛大学，列维特在毕业论文中写了纯种马养殖，并以优异成绩毕业。（他至今仍对赛马乐此不疲，他说他认为赛马是一项腐败的运动，还设计了一套可以利用这种腐败的下注系统——具体细节他却不愿透露。）他做了两年的管理顾问，后进入麻省理工学院攻读经济学博士学位，该学院的经济学博士班以高强度的数学训练而闻名。列维特在本科时期只修过一门数学课程，而且早已忘得一干二净。他第一次上研究生课程，便向邻座的同学问起了黑板上的一则公式：直上直下的导数符号和曲线形的导数符号有什么区别？

“你麻烦大了。”对方告知他。

“人们不把他放在眼里，”当时和他是同学的芝加哥经济学家奥斯坦·古尔斯比回忆道，“他们会说‘这人没有前途’。”

列维特为自己设计了独特的课程计划。其他研究生为了取得好成绩，熬夜写作业，他则熬夜做研究、写论文。

“我的观点是，想在这一行出人头地就得写出优秀的论文，”他说，“所以我就开始写了。”

有时他从一个问题开始写起，有时是一组数据引起了他的注意。他曾花了一整个夏天的时间将数年的国会选举结果录入自己的电脑（如今，互联网上有海量的信息随时可供查阅，列维特抱怨说他根本没法儿让自己的学生去手动录入数据），起因仅仅是他对现任议员往往能连任的原因隐约感到好奇。

接着他碰巧看到了一部政治学著作，作者宣称金钱可以收买选举，无他。

“他们想解释的是，选举结果是由竞选开支决定的，”他回忆道，“却完全忽视了一点，捐赠者只会赞助他们认为确有获胜把握的候选人，而现任者只有在面临落选之虞时才会加大开支。他们自欺欺人地以为这就是其中的因果关系，但回想起来，这显然是错误的。”

至少对列维特来说，显然如此。不到五分钟，他便构思好了自己要写的论文。

“从头到尾，”他说，“我都想好了。”

但问题在于，光凭他手上的数据，无从分辨候选人孰优孰劣。因此，也就难以剔除金钱的影响。和警力/犯罪比率之谜一样，他必须对数据稍加处理。

由于他亲自录入了这些数据，他注意到了一个现象：同样两名候选人常常会多次对垒。列维特只分析此类选举的数据，得出了真实的结果。他的结论是，竞选开支的实际影响仅为公认影响的1/10。

彼时，他只是个默默无闻的研究生，却把这篇论文寄给了《政治经济学杂志》——一名教授告诉他，这么做真是不知天高地厚，但论文最终发表在了这本期刊上。他在三年内完成了博士学业，但据他说，由于他重研究轻学业，学院完全“不知其人”，他是个“真正无足轻重的人”。随后，他便遇到了如今他口中所谓的事业转折点。

他接受了研究员学会的面试。这所久负盛名的哈佛大学知识分子俱乐部旨在资助青年学者完成自己的研究，资助期为三年，不负担任何义务。列维特自觉毫无机会，首先，他并不认为自己是知识分子，在席间负责面试他的可是研究员前辈们，是一批世界闻名的哲学家、科学家和历史学家。他担心自己第一次见面聊不上几句就会冷场。

真实情况恰好相反，他口若悬河，无论谈起什么话题——大脑、蚂蚁还是哲学，他都能凑巧想起自己读过的某些精辟观点。他才思泉涌，展现出了此前从未有过的最好一面。他告诉他们，有整整两年夏天的时间，他都在明尼苏达州赌马，而他们居然吃了这一套！

最后，其中一人令人不安地说："我看不出你的研究有什么统一主题，你能解释一下吗？"

列维特懵了。他不知道自己的统一主题是什么，甚至连有没有都不知道。

后来荣获诺贝尔奖的经济学家阿马蒂亚·森打了个圆场，巧妙地总结了他对列维特研究主题的看法。

没错，列维特忙不迭地说，这就是我的主题。

另一个人又提出了另一个主题。

你说得对，列维特说，这也是我的主题。

于是他们就像群狗争骨一般你一言我一语，直到哲学家罗伯特·诺齐克打断了他们。如果说有哪位知识分子能被列维特奉为英雄，那他一定是诺齐克。

"史蒂芬，你多大了？"他问道。

"26岁。"

诺齐克对其他同僚说："他才26岁。为什么一定要有统一的主题呢？没准儿他是那种天赋异禀、无须统一主题的人。他会自由选择问题，然后寻找答案，这没什么关系。”

芝加哥大学经济学系却有个著名的统一主题——自由市场之真理，且其研究倾向偏保守。因此，这里似乎并非最适合列维特的地方。在他看来，芝加哥崇尚理论研究、深层思想和雄韬伟略，而他擅长的却是经验主义、另辟蹊径和“哗众取宠却终归不现实的想法”。

但芝加哥也接纳了加里·贝克尔，在列维特看来，贝克尔是近50年来最具影响力的经济学家。贝克尔很早便开始利用微观经济学理论研究稀奇古怪的课题，尤其是家庭和犯罪。其后很久这种做法才风行起来。多年来，贝克尔一直受到妖魔化的待遇——单单是“儿童的价格”这一说法就会引来铺天盖地的讨伐。

“有人认为我的研究荒唐透顶、无关紧要或者压根不属于经济学范畴，他们对我的事业指指点点。”贝克尔说道。

但芝加哥大学支持他。他坚持不懈，终于在1992年获得了诺贝尔奖，而且成了史蒂芬·列维特的楷模。

贝克尔告诉列维特，芝加哥大学能为他提供不错的环境。

“并非所有人都认可你的研究成果，”他说，“但我们都认为你的研究很有意思，而且会支持你研究下去。”

列维特不久就发现，芝加哥大学给予他的支持不仅限于学术范畴。他受聘后第一年，他的妻子生下了他们的第一个孩子安德鲁，安德鲁满周岁后不久的一天便发低烧病倒了。医生诊断他为耳部感染，第二天早上，他开始出现呕吐症状，列维特夫妇便送他去了医院。几天后，他便因肺炎球菌性脑膜炎而夭折。

经受了这样的打击和丧子之痛，列维特缺席了自己所教的一门本科课程，替他上课的正是加里 · 贝克尔——年近古稀的诺贝尔奖得主。另一名同事 D. 盖尔 · 约翰逊寄了一份悼念函，其中的内容列维特至今仍记忆犹新。

列维特与年逾花甲的农业经济学家约翰逊开始经常交谈，列维特得知，约翰逊的女儿是最早从中国领养女儿的美国人之一。不久之后，列维特夫妇也领养了一个女儿，为她取名为阿曼达。除了阿曼达，他们此后又育有一女一子，女儿现在快满三岁了。但安德鲁的夭折产生了多方面的影响，他们将安德鲁的肝脏捐给了一个小姑娘，同她的家人结为了挚友。(他们还捐献了他的心脏，但接受移植的婴儿没有活下来。)列维特是个研究实际问题的学者，所以长子之死会影响他的研究，这不足为奇。

他和妻子加入了一个为丧子父母设立的互助小组。列维特惊讶地发现，儿童溺死在游泳池里的事件竟然如此之多。报纸上不会刊登这类死亡事件，只会刊登玩枪走火等原因造成的儿童死亡事件。

列维特心生好奇，他去查了能说明问题的数据，并将研究成果写成一篇评论文章，发表在《芝加哥太阳时报》上。文章的一大特色就是以悲伤哀婉的文风讲述有悖常理的现象，这让他声名大噪："假如你家中有一把枪，院子里有一个游泳池，儿童溺死在游泳池的概率几乎要百倍于被枪击致死的概率。"

为了忘却丧子之痛，列维特培养了一个爱好：修缮并出售奥克帕克的老房子。奥克帕克正是他所居住的地方。受到这一经历的启发，他写了另一篇有关房地产市场的论文。作为一篇有关价格理论的轻松小品文，这是他迄今为止最符合芝加哥作风的论文，证明了芝加哥大学留给他的烙印或许不亚于他留给这所学校的烙印。但列维特毕竟是列维特，这篇文章也触及了腐败现象。

在购买老房子、讨价还价的过程中，他发现卖方中介总是在言辞委婉地劝他出低价。这似乎有些反常：难道中介不应该为卖家谋求最佳利益吗？然后他又仔细思考了中介的角色，同其他行业的许多“专家”（他想到的是汽车修理工和股票经纪人）一样，在外人看来，房地产中介对本行的了解程度远高于外行人，最终房主在劝说之下，相信中介所提供的信息。因此，如果中介拿到较低的报价，却说这或许就是房主能等到的最高价了，房主往往会信以为真。但列维特发现，关键在于“即便房子售价高一点，多出来的利润中仅有很小一部分是归中介所有的”。同进行挤油交易赚取佣金的股票经纪人和捞取高额利息的赌马经纪人一样，房地产中介一心只想做成这单买卖，不管价格高低，因此，他会怂恿房主赶快廉价出手。

接下来列维特只需测定这一影响的大小。他再次另辟蹊径，研究了伊利诺伊州库克郡50 000多所房屋的销售数据，对比了房地产中介私有房屋的销售数据及其经手的客户房屋的销售数据。他发现，中介的私有房屋在市场上挂牌出售的时间要长10天左右，售价要高出3%。

某年夏天的一个傍晚，列维特回到了自己的办公室，他的办公室位于芝加哥大学一栋哥特式大楼的深处，天花板满是污痕，窗框周围的灰泥已经开始剥落。他刚刚从斯坦福大学休假回来，办公桌上一片狼藉：堆积如山的书籍和期刊、一只绿色奶瓶和一只小小的橙色河马挤压玩具。

当天下午是与学生会面的时间，列维特喝了一瓶激浪，语气温和。有的学生是来领研究作业的，有的则是来征求建议的，有一名学生刚刚完成了自己的本科论文——《经济低潮期应届大学毕业生面临的劳动力市场情况》，列维特告诉她，作为毕业论文，这篇文章算不错了。但她现在想发表这篇文章。

"你的文风太学生气，这就是问题所在，"他说，"关键是，你要自圆其说，要有铺垫，有各种手法，你得让读者顺着特定思路思考，这样他们看到结论的时候，就能理解且相信这些结论。但你同样也需要坦白承认自己的缺点，将缺点表现出来，而不是遮遮掩掩，这样读者反而不会那么严苛。"

坦白承认自己的缺点。还有哪个荣誉加身的学者能像史蒂芬·列维特一样，如此坦然地承认自身的缺点？他自称不懂经济学，也不懂数学，在满是宏才伟略者的学术界，他只是个研究小问题的人。

据他的朋友说，列维特的自谦之词是经过深思熟虑的，也是发自内心的。在本就竞争激烈的学术界，经济学家是最剑拔弩张的一群人，而且还常引以为傲。作为一个写论文研究《智者为王》（列维特认为参赛选手歧视拉丁裔和老年对手，而非黑人或女性）和相扑（为了尽量提高比赛排名，相扑力士常常会串谋假摔）的人，他最好还是不要再有傲慢之举了。

也有可能这根本不是自谦，而是自我鞭笞。或许史蒂芬·列维特的真正愿望是不再研究“荒唐”“琐碎”“肤浅”的课题，让事业更进一步。

他认为他有关黑人名字的新文章会有重大发现，他想知道所取名字带有鲜明的黑人色彩，是否会构成经济上的劣势。他的答案——与近年来的其他研究相左——是否定的。但接下来，他遇到了更为重大的问题：黑人文化是种族不平等的原因，还是后果？他所言的“将文化量化”，对于经济学家乃至列维特本人来说，是一个全新的领域。他发现这一课题争议颇多、盘根错节，或许难以攻克却又令人跃跃欲试。

当晚他开车回奥克帕克的家，随着那辆雪佛兰隆隆作响地行驶在艾森豪威尔高速公路上，他谈起了自己的未来。弃文从商加入对冲基金或弃文从政进入政府工作都不是他的兴趣所在（不过他可能会开一家专门查作弊教师的公司作为副业）。据说，他是所有大学经济学系求贤纳士的头号对象。但安德鲁去世时，他和珍妮特种下了一棵树，如今这棵树已经蔚然成荫，无法移植。看得出来，他可能会长留芝加哥了。

他说，他觉得自己已经准备好了去攻克某些重要问题。

比如，“偷税漏税、洗钱，我想设计一套工具，帮助我们逮捕恐怖分子，我是说，这是我的目标。我还不太清楚要怎么下手，但只要有合适的数据，我毫不怀疑我一定能找到答案”。

一名经济学家却想着抓恐怖分子，这听起来可能很荒唐。但假如你是芝加哥的中学教师，有一天被叫到办公室里得知，不好意思，那个戴高度近视镜的瘦小男子设计的算法发现你作弊了，所以你被解雇了，这听起来一定也很荒唐。史蒂芬·列维特或许并不完全相信自己的能力，却相信一点：教师、罪犯和房地产中介会撒谎，政客乃至中情局分析师也会撒谎，但数字不会。

《纽约时报杂志》“魔鬼经济学”专栏文选

被骗了？

2006年1月8日

在“为何三K党和房地产中介是一路货色？”这一章中，我们想以生动的方式阐释信息不对称这一经济学概念，即交易双方中有一方掌握的信息多于另一方。房地产中介掌握的信息通常多于其客户，这大概是众所周知的事，但三K党的情况或许就不那么显而易见了。我们认为，三K党的讳莫如深——礼仪、自创语言、暗号等等——形成了信息不对称现象，这有助于实现其恐吓黑人等族群的图谋。

但三K党并非这个故事的主角，主角名叫斯特森·肯尼迪，一个佛罗里达州白人，来自一个历史悠久的家族，自幼便立志消除种族和社会不公平现象。肯尼迪所参与的斗争领域不胜枚举——工会主义、投票权等，但他最广为人知的事迹是在20世纪40年代向三K党宣战。在其著作《揭秘三K党》（1954年初版名为《与三K党同行》）中，肯尼迪讲述了自己冒着巨大的人身危险，化名潜入三K党在亚特兰大市的主要支部、被任命为“K骑士”（三K党的暴力制裁者）并亲身参与多次骇人事件的经历。

肯尼迪如何处置他所收集到的信息呢？他发疯似的四处散播这些信息：发给州检察官、人权组织，甚至还发给了德鲁·皮尔森和《超人历险》制作人这样的广播业者，他们在节目中公开播出了三K党此前一直秘而不宣的活动。肯尼迪洞悉了信息不对称的现象，并一手倾覆了这种不对称。这样一来，他对阻止战后三 K 党在美国死灰复燃起到了举足轻重的作用。

肯尼迪因其积极的活动为人称颂，他的朋友伍迪 · 格思里[①]为他写过一首歌，佛罗里达州圣约翰斯郡最近宣布设立斯特森 · 肯尼迪日。89 岁高龄的肯尼迪仍然住在该郡，大约两年前，我们在这里采访了他。以这些采访、《揭秘三 K 党》和不少史籍与报刊文章为依据，我们讲述了他精彩的真实经历。

肯尼迪的故事固然精彩，但是真是假?

这一令人不安的问题也曾困扰过另一位佛罗里达州作家本 · 格林，他于 1992 年开始撰写一部关于哈里 · T. 穆尔的著作，穆尔是一名黑人民权倡导者，1951 年被杀，斯特森 · 肯尼迪一度参与过该书的创作。尽管格林对肯尼迪潜入三 K 党的经历寥有兴趣，他最终还是查看了肯尼迪的大量档案，它们保存在纽约和亚特兰大的图书馆里。

这些文件记录了一个人格外丰富多彩的一生。他做过诗人、民俗学家、爆料记者和工会活动家等等。但格林却失望地发现，肯尼迪个人资料中所记录的生平似乎与他在《揭秘三 K 党》中所讲述的故事有很大出入。

在《揭秘三 K 党》中，肯尼迪伪装成百科全书推销员约翰 · S.

---

① 伍迪 · 格思里，活跃于 20 世纪上半叶的美国民歌手。——译者注

珀金斯，在一次卧底演习中，拜谒了佐治亚州前任州长——三 K 党著名的支持者。为了讨好他，肯尼迪主动提出帮忙散播仇恨言论。但肯尼迪档案里有一份文件表明，肯尼迪确曾见过这位前州长，但并非以卧底身份见他。相反，肯尼迪采访他是为了当时所写的一本书，而且这份文件也没有提到任何仇恨言论。

仔细查阅肯尼迪的档案似乎可以反复看出一点：他通过正当渠道对三 K 党领袖及支持者进行了采访，改过背景和内容后，又写进了《揭秘三 K 党》一书中。同理，这些档案也证明，肯尼迪以记者的身份报道了三 K 党的公共活动，却在书中将这些活动改写为卧底行动。肯尼迪还收集了大量有关三 K 党及他所加入的其他仇恨团体的资料，但他本人的档案表明，其中多数团体他都是通过信函来往参加的。

那么事实是否真的和《揭秘三 K 党》所讲述的一样，肯尼迪亲自潜入了三 K 党在亚特兰大的支部呢？

他的档案包含交给反诽谤联盟的一系列备忘录，该联盟是接受肯尼迪汇报的几个民权组织之一。其中有些备忘录是他写的，有些是一个化名为约翰 · 布朗的人写的。约翰 · 布朗是一名工会工人，曾在三 K 党内担任过头目，但后来洗心革面，主动提出承担打入三 K 党内部的任务。

“这名工人会代我加入三 K 党，”肯尼迪在 1946 年初的一份备忘录中写道，“我相信他值得信赖。”

在肯尼迪随后的备忘录——肯尼迪在那个年代所写的数百页各类信函——中，他实事求是地承认了他收集到的信息中，某些影响最大的信息其实来自约翰·布朗，他声称其中有一份备忘录是“我在三K党内的线人对三K党亚特兰大市1号支部8月12日会议及三K党亚特兰大市297号支部8月15日会议的报告”。约翰·布朗将内幕消息泄露给肯尼迪，肯尼迪再将这些情报转发给反诽谤联盟等组织以及检察官和记者。直到几年后，他写了《揭秘三K党》一书，才让自己化身为西力[①]式的人物，成为所有行动的主角。

本·格林虽然耗费数月时间钻研肯尼迪的档案，却无法查出约翰·布朗其人的真实身份。格林倒是采访到了前任州检察官丹·杜克，据《揭秘三K党》叙述，他曾与肯尼迪有过密切合作。杜克承认肯尼迪确实“潜入过（三K党的）某些会议”，但他直言不讳地批评称，肯尼迪对他们之间的关系进行了过度渲染。

“那些都是子虚乌有的事。”他告诉格林。

1999年，格林终于出版了有关哈里·T.穆尔的著作《他的时代之前》，其中有条脚注称《揭秘三K党》为“小说”。

认为肯尼迪歪曲事实的并非只有格林一人，在中佛罗里达大学教授历史课的吉姆·克拉克称，肯尼迪“因为很多子虚乌有的事情而在全国家喻户晓”。佛罗里达大学出版社出版过4部肯尼迪的著作，但其社长梅雷迪思·巴布如今却称肯尼迪是个“有创业精神的民俗学家”。但除了格林的这条脚注，他们均三缄其口。直到《魔鬼经济学1》重

① 西力，伍迪·艾伦的电影《西力传》中的主角。他混迹于各种大相径庭的交际圈中，且能像变色龙一样迅速体现出各个交际圈的特征，甚至产生生理变异。——译者注

新提起肯尼迪的英勇事迹，再度引起关注，他们才打破沉默。

为什么?

“说出来就像杀死圣诞老人一样，”格林说，“对我来说，此事最悲哀的一点是，他并不满足于自己的作为，一定要去胡编乱造、添油加醋，将并不属于自己的功劳据为己有。”

几周前在佛罗里达州，采访者在他家附近，趁吃午饭的时间，拿出他本人档案中的这些文件给他看，并直截了当地问他《揭秘三K党》是否有“捏造或戏说成分”，肯尼迪回答说没有。

“或许我对某些对话的记忆与事实有所偏差，”他回答道，“但除此之外，一切属实。”

追问之下，肯尼迪承认“有时候他借用了另一人所写的报告和参与的活动，一概叙述为同一人的事迹”。事实上，关于这一点，肯尼迪此前至少已经承认过一次了。1992年，国会图书馆美国民俗中心总监佩吉·巴尔杰撰写了专题论文《斯特森·肯尼迪：应用民俗学与文化宣传》，论文依据之一就是她对研究对象的大量采访。在一条尾注中，巴尔杰写道：“肯尼迪将其本人的卧底经历与约翰·布朗叙述的经历合二为一，创作了1954年的《与三K党同行》。”

我们写进《魔鬼经济学1》的故事缺乏可靠依据，对此我们自然并不乐见，而且这本书原本就意在颠覆传统观念，而非助长这些观念的传播，关于斯特森·肯尼迪，最根深蒂固的一个传统观念就是他因潜入三K党而建立起的名声。

还有一点，在我们的研究中，我们主张重数据而轻典故，因为数据的真实性要高于人言。但斯特森·肯尼迪的故事就是各种趣闻逸事——几十年来，无论被引用过多少次，这些逸事都是由同一人出于自私的目的讲述出来的。

或许肯尼迪终其一生为正义而战，这是唯一重要的一点。或许，用佩吉·巴尔杰的话来说，要实现“文化宣传”的目标，需要用到“应用民俗学”，而非史籍或新闻报道常用的平铺直叙风格。有一点不假，那就是肯尼迪无疑是信息不对称现象的大师。

直到数据戳穿了他。

为什么投票？
2005年11月6日

在某些大学的经济学系，流传着一个广为人知但多半是杜撰的逸事，讲的是两位世界知名的经济学家在投票站偶遇的事情。

“你来这里做什么？”一人问道。

“我妻子逼我来的。”另一人回答道。

前一名经济学家赞同地点点头说：“我也是。”

两人尴尬了一会儿后，其中一人想出了对策：“你要是答应我绝不告诉任何人你在这里见过我，我也绝不会告诉任何人我见过你。”

他们握了握手，完成了投票任务后便匆匆逃走了。

为什么经济学家在投票站被人撞见会觉得难为情？因为投票需要付出代价——费时费力且会造成经济损失，但除了隐约觉得自己尽了“公民义务”之外，投票不会带来任何明显回报。经济学家帕特里夏·芬克在最近的一篇论文中写道：“理性的个体应该放弃投票。”

你手中的一票能左右选举结果的概率微乎其微。这一点得到了经济学家凯西·马利根和查尔斯·亨特的证明，他们分析了 1898 年以来的 56 000 多场国会选举和州立法选举，尽管媒体十分关注胜负难分的选举，但实际上，这种情况极其罕见。国会选举票数差额的中位数为 22%，而州立法选举的差额中位数为 25%。再势均力敌的选举，也几乎从未出现过一票决定胜负的情况。马利根和亨特所分析的 40 000 多场州立法选举包括近 10 亿张选票，其中仅有 7 次选举出现了一票定胜负的情况，另有两次选举打成了平手。在 16 000 多场国会选举中，参与的选民更多，但 100 年间仅有一次选举——1910 年布法罗市的一次选举——出现了一票定胜负的局面。

还有更为重要的一点：选举越是胜负难分，选民能左右结果的概率就越低，最生动的例子当然就是 2000 年的总统大选。诚然，那次选举的结果最终取决于少数几位选民，但这几位选民却是肯尼迪、奥康纳、伦奎斯特、斯卡利亚和托马斯。而且左右选举结果的是他们身穿法袍所投的票，而非他们在所住选区投出的选票。①

---

① 2000 年的总统大选是美国历史上最具争议的总统大选之一。竞选双方是小布什和阿尔·戈尔，争议焦点在于佛罗里达州的选举结果。双方在该州票数接近，点算方式可能会决定选举结果。经过多轮诉讼，最高法院以 5 票对 4 票做出终审，决定禁止重新点算选票，小布什获胜。投票同意禁止重点票数的 5 名法官分别为肯尼迪、奥康纳、伦奎斯特、斯卡利亚和托马斯。——译者注

尽管如此，仍有数百万人前去投票，为什么？以下为三种可能的解释：

1. 或许我们就是脑子不灵光，误以为我们的投票会影响选举结果。
2. 或许我们投票和买彩票的心理是一样的。毕竟，彩票中奖的概率和手中选票左右选举结果的概率基本相等。从理财角度来看，买彩票是不当投资。但买彩票很有意思，成本也较低，花一注彩票的钱，你买到的是幻想如何花掉奖金的权利。这和你幻想手中的选票会影响国家政策同理。
3. 或许我们已经受到了社会的教化，认同了投票是公民义务的概念，相信人人参加投票，虽对个人无益，但对社会有益。因此，我们不投票就会有负罪感。

也许你会不敢苟同，因为假如人人都像经济学家一样看待投票，选举可能就根本不会存在了。毕竟，没有哪个选民去投票的时候，真的以为自己的一张选票会左右选举结果，不是吗？而且说其选票投了也没有意义，是否有些残忍？

这其实是个滑坡谬误[①]——看似毫无意义的个人行为积少成多，

① 滑坡谬误，是一种非形式谬误，使用连串的因果推论，却夸大了每个环节的因果强度，因此得到不合理的结论。——译者注

就会产生可观的影响。接下来举个相反的类似例子，假设你和你 8 岁的女儿正在植物园里散步，她突然从一棵树上摘了一朵花。

“你不应该这么做。”你忍不住说道。

“为什么？”她问道。

“这个嘛，”你解释道，“因为要是一人摘一朵，树上就一朵花都不剩了。”

“好吧，但是别人没有摘，”她带着异样的眼神说，“只有我摘了。”

过去有更实际的激励政策鼓励人们投票，各个政党为了让选民投上一票，经常发给他们 5 美元或 10 美元的现金奖励。有时，奖励是一瓶威士忌或一桶面粉。而在 1890 年的新罕布什尔州国会选举中，奖励是一头活猪。

如今与以往一样，不少人仍然担心选民参选率过低——仅有略超过一半的合格选民参加了上一届总统大选。但将这个问题换个方式反过来问，或许更值得研究：既然个人的选票几乎从无影响，为什么还有这么多人愿意投票？

瑞士或许可以给出答案，正是在这里，帕特里夏·芬克发现有一场绝佳的天然实验，能让她准确测量选民的行为。

瑞士人喜欢投票，议会选举、全民公决等各类投票均无例外。但近年来，选民参选率开始下滑（或许这里也停止了发活猪的奖励）。因此，瑞士实施了新的投票方式：邮寄选票。美国的所有选民均须登记，但瑞士并非如此，每名符合参选资格的瑞士公民都会自动收到一张邮寄选票，可填完之后寄回。

对社会学家而言，这种邮寄投票方式的设置有其优点：由于这种方式在各州（瑞士共有26个州，与美国州类似）开始实施的年份不同，以缜密复杂的方式测量不同时段的效果就有了可能。

瑞士选民不必再冒着大雨长途跋涉去投票，因此投票的成本大幅下降，经济学模型因此预测选民参选率会大幅上涨。事实果真如此吗？

完全相反！实际上，选民参选率在多数地区不增反降，尤其是较小的州和各州内较小的社区。这一发现对网上投票支持者或许有重大意义——他们一直认为，网上投票可简化投票程序，从而提高参选率。但瑞士模式表明，结果可能恰好相反。

情况何以至此？为什么投票成本降低，投票人数反而减少了呢？

这要归咎于促使选民投票的因素。如果说单个公民的选票不可能对选举结果有影响，那选民何苦还要投票？瑞士和美国情况相似。

“有一条相当有效的社会规范规定良好公民就应该投票参选，”芬克写道，“只要到投票处投票是唯一的渠道，就存在动机（或压力）督促选民去投票处投票，为的只是他们投票的行为能被看到。其动机可能是希望通过做出合作者的姿态来获得社会声望，抑或仅仅是为了避免非正式的惩罚。由于在小社区，人与人之间更加熟悉，谁履行了公民职责、谁没有，都会被拿来说长道短。所以，在此类社区遵守社会规范带来的好处尤其多。”

换言之，我们投票确实是出于自身利益。这一结论是经济学家所乐见的，但此处的自身利益并非实际的投票选择所体现出来的自身利益。尽管人们对选民“为了经济利益而投票”议论纷纷，但瑞士的研究表明，经济因素对投票选择的影响或许不及社会因素。或许投票带来的最有价值的回报仅仅是去投票处投票的行为能被朋友或同事看到。

当然，除非你是经济学家。

戴尔·厄恩哈特拯救了多少生命？
2006 年 2 月 19 日

5 年前的这个周末，戴尔·厄恩哈特在代托纳 500 汽车赛最后一圈撞上护墙，当场殒命。作为纳斯卡赛车历史上最成功、最受爱戴、最令人生畏的车手之一，厄恩哈特至今仍然经常被人悼念。（只要看如今的代托纳 500 汽车赛——纳斯卡赛季首站及最著名的一站，你就能看到赛场到处都挂着他的 3 号赛车服。）厄恩哈特之死对纳斯卡赛车的影响不亚于“9·11”事件对美国联邦政府的影响：敲响了一记引起安全措施彻底整改的警钟。

“两三年内接连发生了三四起恶性事故，”纳斯卡精英车手马特·肯塞斯说，“纳斯卡一直在努力改进安全措施，但那件事——厄恩哈特之死——加快了进程。”

赛车显然是高危职业，厄恩哈特之死让他成了纳斯卡三大区——工匠卡车系列、布许系列和奈克斯泰尔杯系列——7 年内丧生的第七位车手。

那么 2001 年他去世后，有多少车手命丧赛场？

一个都没有。在累积 600 多万英里的比赛及许多许多英里、危险系数极高的练习赛和排位赛中，纳斯卡三大区没有一名车手殒命。

与之相对，在同期内，约有 185 000 名汽车司机、乘客和摩托车驾驶员在美国公路上丧命。不过，这 185 000 人死于近 15 万亿英里的驾驶里程中，折合之后为每 8 100 万英里死亡 1 人。虽然交通事故是美国 3~33 岁人口的头号死因，但这一死亡率却较低（而且其中还包含摩托车的数据，摩托车的危险系数远高于汽车或卡车）。一个人驾驶 8 100 万英里需要多久？假设你一年到头一刻不停地除了开车什么也不做，每天开 24 小时，时速 60 英里，你一年可开 525 600 英里。要开 8 100 万英里，你需要连轴转开 154 年的车。换言之，每年有很多人在美国公路上丧命，并不是因为开车非常危险，而是因为开车的人太多，累积里程太长。

因此，纳斯卡虽然创造了 5 年内 600 万英里零死亡纪录，但或许这一纪录实际上并不如乍听起来那般了不起。但话说回来，开赛车的危险系数似乎要远高于开车去超市。纳斯卡究竟采取了什么措施才创造了零死亡纪录？

措施很多，早在厄恩哈特遇难之前，每名车手都要戴头盔，穿防火服、防火鞋和系五点式安全带。厄恩哈特遇难数月后，纳斯卡开始要求车手头盔上加戴头颈固定装置，防止车手的头部在撞车中前冲或左右移动；（同许多遇难赛车手一样，厄恩哈特也遭遇了颅底骨折。）赛道旁也竖起了更安全的护墙；纳斯卡还开始积极收集撞车数据。事故数据库（纳斯卡婉言拒绝了我们查看该数据库的请求）的数据有两个主要来源：目前每辆赛车上所安装的黑匣子以及新成立的实地调查小组的工作反馈。这些实地调查人员会在每次比赛之前仔细测量每辆赛车的关键参数，如出现撞车事故，再重新测量事故车辆的参数。

“过去，假如有车出现事故，而车手没有受伤，团队就会把车运走，然后回家，”纳斯卡研究与开发中心负责人加里·纳尔逊说，“但现在，他们会在特定区域测量每辆车，我们会将这些参数记录下来。比如座椅宽度——这似乎很简单，就是靠枕从左至右的宽度而已。但遇到事故，这些东西会产生弯曲，弯曲程度能让我们算出其中的能量。刚开始，我们以为座椅强度足够高了，但后来发现这些东西的弯曲程度超过了我们的预测。因此，我们从头开始，修改了规定。”

这么说虽然有些过于笼统，但纳斯卡车手确实有两大目标：获胜和保命。纳斯卡最近的安全措施似乎大幅降低了死亡概率。那么，车手现在是否更加无所顾忌了呢？既然撞车的代价减少了，经济学家完全有理由认为车手会肆无忌惮地撞车。纳斯卡的安全措施是否在减少死亡率的同时，增加了撞车率？

乍看起来，数据似乎说明答案是肯定的。在去年的奈克斯泰尔杯系列赛中，共有 345 辆车卷入了撞车事故，达到了历史新高。但正如马特·肯塞斯所言，2005 年在北卡罗来纳州夏洛特市附近的劳氏赛道举行的两次杯赛状况尤其惨烈——赛道的新路面导致多辆赛车爆胎，这种反常情况可能拉高了撞车次数。

“在夏洛特，差不多所有人都在两次比赛中撞过车，”他说，“问题在于赛道和轮胎——但如果排除掉这两次比赛，撞车次数很可能没有变化。”

实际上，2004 年的撞车次数要少于 2003 年。厄恩哈特遇难后，总的撞车次数虽略有上升（纳斯卡不肯公布年度撞车数据，但一名官员证实了这一趋势），但上升幅度远远不及经济学家做出的预测。他们的预测依据是纳斯卡的安全措施对车手所追求的目标所产生的影响。

或许还有其他因素在起作用，这些因素或许更加有效。首先，纳斯卡增加了对危险驾驶的处罚措施，不仅会对车手处以罚款，还会扣掉其杯赛冠军积分。其次，对锦标赛本身进行了调整。两年前，纳斯卡在原有的 36 站常规赛季之外，又增加了季后赛。为了进入季后赛——并有机会赢得 600 多万美元的冠军奖金，车手必须在常规赛季的 26 站之后达到积分领先。在这前 26 站中排在 20 名开外不一定会葬送其争冠希望（每站有 43 辆车参赛），但恶性撞车事故却有此可能。

因此，纳斯卡减少了危险因素，却增加了经济因素，从而保持了其原有的微妙平衡：保持一定的撞车频率，以取悦车迷，但撞车频率不可太高，以免葬送掉参加这项运动的希望以及车手的性命。（纳斯卡车迷对撞车的热爱堪比冰球球迷对打架的热爱，看竞速频道剪辑后的纳斯卡车赛重播片段，会发现情节总是大同小异：绿旗、撞车、撞车、撞车、撞车、撞车、方格旗。）

接下来是有关纳斯卡和车手安全最令人惊讶的一项数据，在近 5 年中，纳斯卡三大区有 3 000 多辆赛车发生过撞车事故，但死亡人数为 0。相比之下，美国公路的撞车死亡率为多少？就州际出行而言，每 1 000 次撞车事故平均有 5.2 名司机死亡。按照这一比率计算，每

3 000 次纳斯卡撞车事故应至少有 15 名车手死亡——但实际数据为 0。当然，州际驾车出行与纳斯卡赛车相去甚远。州际旅行的司机要对付恶劣的天气、醉驾司机和逆行车辆，而代托纳 500 汽车赛中的车手常常是在首尾相接的路况中以 180 迈的时速飙车。

每年有 37 000 名美国人死于交通事故，或许有人觉得纳斯卡的某些安全规则可以在普通司机中推行，但鉴于美国的行车安全状况相对较好，这样做会在金钱和舒适度方面付出过高的代价。你可能愿意使用五点式安全带，而不是常规的三点式腰肩安全带，这样做肯定更加安全；但你是否愿意每次开车去超市都戴头盔、穿防火服呢？

礼品卡经济

2007 年 1 月 7 日

健身房会员卡、处方药和节假日礼品卡有何共同之处？它们都是买了又常常不用的东西。

经济学家斯蒂法诺 · 德拉维尼亚和乌尔里克 · 马尔门迪尔在最近发表的《花钱不去健身房》一文中，证明购买健身俱乐部年卡的人所估计的使用时间比实际使用时间要多出 70% 以上。因此，许多人其实买月卡或日卡更划算。

实证医疗保健研究机构科克伦协作网最近发布的一份报告研究了不遵医嘱服药的患者。

“得到医嘱要自行服药的人，”报告开头写道，“实际服用量往往还不到处方剂量的一半。”

虽说这一现象的主要问题在于医疗影响，而非经济损失，但美国人的药柜里有数十亿美元的处方药囤积着不用，这也是事实。

至于礼品卡，我们姑且可以说，零售业内部认为它们是储值产品是颇有道理的：礼品卡的储值效果非常好，而且卡内金额往往永远不会流失。据金融服务研究企业宝塔集团估算，2006 年共售出 800 亿美元的礼品卡，其中约有 80 亿美元永远不会兑现。

“这对消费者的影响，”宝塔集团指出，“要大于借记卡与信用卡诈骗两者的影响总和。”

营销工作室公司的一项调查发现，仅有 30% 的人在收到礼品卡的一个月内会用掉礼品卡，而据《消费者报告》估算，2005 年收到礼品卡的人中，有 19% 留着卡没用。

鉴于 2006 年有 2/3 的假日消费者打算送别人礼品卡，你多半会在近几周收到一张。或许你属于少数的例外，已经用掉或马上就要用掉这张礼品卡。但统计比率说明，这张礼品卡多半会放在你装袜子的抽屉里积灰。

这是否说明礼品卡不是好礼物？答案取决于你问谁，而且还需要先问另一个问题：送礼的初衷是什么？

经济学家或许会认为，礼物是一种传递信号的途径，让一个人可以告诉另一个人，如她：①挂念他；②关心他；③且想给他一些他会珍惜的东西。

当然，收礼者与送礼者的关系也多种多样。送礼给本身没钱或没法自己置办东西的人——如儿童——是很容易的。儿童不能自己开车去玩具反斗城，多半也没钱买玩具，所以你送他玩具就是给了他本来得不到的东西。这种情况下，基本上什么礼物都有意义。

换作大人，情况就略微复杂了一些。成年人可以随心所欲买自己想要的东西，而且想必也了解自己的喜好。因此，理论上，你想送投其所好但对方又不了解的东西，抑或某些对方羞于启齿、自己不愿买的喜好之物。无论如何，你都是想送对方实际意义大于所花金钱的东西，从而创造价值。

但实际上，我们的礼物大多远远低于这一高标准，这造成了大量的无效投入。1993 年，经济学家乔尔·沃德弗格撰文研究了这一问题，这篇论文在经济学界的知名度居高不下的一个原因是其锱铢必较的标题：《圣诞节的无谓损失》。由于礼物“可能与收礼者的喜好不相符合”，沃德弗格认为，很可能“送礼还不如让收礼者用同等数目的金钱自己挑选礼物划算”。他推断出，“节假日送礼这一行为导致礼物损失了 10%~33% 的价值”。

如果送礼的行为导致了大量价值的损失，何不选择最有效的途径，直接送钱？显然确实有人这么做。沃德弗格这篇论文的一个依据是耶鲁大学研究生所做的一个小调查，在此次调查中，（外）祖父母直接给孩子钱的情况占 42%，父母直接给孩子钱的情况占 10%，但所有学生都没有碰到过另一半直接给钱的情况。显然，对于某些关系，直接给钱是合适的，但多数情况下，社会禁忌粉碎了经济学家推行这种高效交易的美梦。

既然给钱不妥，买礼物又太浪费，那么送礼品卡——虽不如金钱万能，却也完全不像金钱那般冷冰冰——是否是完美的折中方案？

你肯定会这么想。至少对商家来说，礼品卡简直是喜从天降。试想一下：圣诞节前几周，数百万人到你的店里或网站上，花上数十亿美元，就为了换一张塑料欠条，而且这欠条还有可能永远不会兑换。例如，去年，百思买因礼品卡“损毁”——业内将买了却永远不用的礼品卡称为“损毁”礼品卡——坐收 1 600 万美元的收入。此外，还有零售商所谓的“加价消费”现象：用礼品卡的顾客多数会自己添钱买比礼品卡面值贵的商品。

与此同时，礼品卡对送礼者来说是再省事不过的方法了。但多数经济学家会认为，如果礼品卡对送礼者的好处如此显而易见，它对收礼者就一定会造成伤害：礼品卡易于购买这一点会让收礼者觉得，送礼者对这件礼品没有花太多心思。

归根结底，任何礼物的价值高低很大程度上取决于送礼者与收礼者是何关系。经济学家亚历克斯·塔巴罗克最近发表在“边际革命”① 的一篇文章对此提出了更加精妙的观点，指出我们每人内心都有很多“面”，包括“狂野的一面”，而且“我们希望别人内心狂野的一面能为我们而痴狂”。他的建议是什么呢？“如果你想取悦我内心偏经济学家思维的一面，请给我钱；如果你想取悦我狂野的一面（你知道我是什么人！），请发挥一下想象力。”

① “边际革命”，乔治梅森大学经济学家亚历克斯·塔巴罗克和泰勒·考恩合作撰写的经济学博客。——译者注

因此，到明年，你要是想送礼给刻板理性的人，可以考虑给钱；你要是想讨好某人狂野的一面，就得发挥想象力了；而你要是想对百思买、盖璞或蒂芙尼的股东额外意思一下，可以考虑礼品卡。

填补税收缺口

2006 年 4 月 2 日

每年一到这个时候，美国公民都免不了会操心起国家税务局来，也免不了对其恨之入骨。但多数人憎恨国家税务局的出发点都有误，他们以为税务局是不近人情、心狠手辣的机构，但实际上税务局在这两方面远远未达到应有程度。

首先要记住的是，制定税法的并非国家税务局。税务局很快就将矛头指向了真正的罪魁祸首：

“在美国，国会通过税法，纳税人均须服从，”其宗旨说明称，“国家税务局的作用是协助绝大多数自愿守法的纳税人履行税法义务，同时确保少数不愿守法之人缴纳法定税款。”

因此，国家税务局就像街头巡警，或者更确切地说，是世界上规模最大的街头巡警队伍。他们负责执行区区几百人代表数亿人制定的法律，而这数亿人中有不少人认为这些法律太过复杂、所定税率太高、有失公允。

然而，多数美国人都会说纳税光荣。去年，在一项为国税局监督委员会所做的独立调查中，96% 的受访者赞同“依法纳税是每个美国人的公民义务”这一说法，同时有 93% 的人认为“应对偷税漏税者追究责任”。但话说回来，对于哪些因素促使他们决定如实申报税务及纳税这个问题，62% 的人回答是因为“害怕审计”，而 68% 的人回答是因为他们的收入已经由第三方上报给了国税局。虽然公民义务的说法广为流传，但似乎驱使多数人依法纳税的仍然是行之有效的那老一套因素。

这些因素哪些有效，哪些无效？为了找出答案，国税局实施了国家研究计划。这项为期三年的研究随机选取了 46 000 份 2001 年纳税申报单进行细致审查。（国税局并未详细说明这 46 000 人接受了什么样的审查，但很可能就是那些让国税局背负骂名的刁钻盘问。）研究以此为样本，发现美国存在 3 450 亿美元的税收缺口——应缴税款与实缴税款之差，接近国税局所收税款的 1/5。这一数额恰好仅比预计的 2007 年联邦财政赤字少几十亿美元，将男女老幼都计算在内，每名美国人的平均偷税漏税额为 1 000 多美元。

但多数人都没有偷税漏税，仔细观察偷税漏税者和依法纳税者分别为哪些人，你就能看出人们究竟为何纳税。国税局研究的关键数据为“净漏报额百分比”，这项数据统计的是 46 000 份纳税申报单上每一项的漏报税额。例如，在“工资、薪水及补贴”这一类别中，美国人仅漏报了 1% 的实际收入。而相比之下，“非农业经营收入”，比如餐厅老板或小型施工队的工头等个体户，这一类别则漏报了 57% 的收入，这一群体漏缴了 680 亿美元的税款。

为何工薪阶层与餐厅老板之间相差如此之大？很简单，负责将餐厅老板的收入上报给国税局的只有餐厅老板本人；而至于工薪阶层，他们的老板会制作 W2 表格，将其收入上报给国税局。而且，工薪阶层的所得税会自动从工资单中扣除，但餐厅老板却有一年的时间决定自己是否上税以及上多少税。

这是否说明，一般而言，个体户不如工薪阶层遵纪守法？这倒未必。这仅仅是因为有更多的原因促使他们偷税漏税。他们知道国税局要想查出其实际收支只有一个办法，那就是查他们的账，而只要看看国税局极低的审计率——去年，国税局仅对 0.19% 的个体纳税人进行了面对面的审计——他们就可以继续高枕无忧地偷税漏税了。

那么人们究竟为何纳税？是因为纳税理所应当，还是因为他们害怕偷税漏税被抓？看起来显然是后者。优秀的科技（雇主自动上报和扣除员工所得税）和失败的逻辑思维（多数依法纳税者严重高估了自己被审计的可能性）共同保证了这一系统的成功。美国人漏缴了近 1/5 的税款，这听起来着实堪忧，但据税务经济学家乔尔 · 斯勒姆罗德估算，美国的纳税率在世界上无疑是名列前茅的。

尽管如此，除非你本人也偷漏了 1/5 或以上的税款，否则你就应该对国税局感到愤慨——并不是因为国税局太锱铢必较，而是因为它完全没有做到锱铢必较。既然国税局放任某些人每年漏缴数千亿美元的税款，凭什么你就应该依法纳税？

国税局本身也想改变这种局面，近几年，虽然预算仅有小幅上涨，国税局的所缴税款和审计率却均有大幅上涨。所有国税局局长的主要任务都是向国会和白宫游说，争取资源。虽然让国税局一分不差地征收政府应收税款可以带来显而易见的好处，但对多数政客来说，主张增加国税局活跃度也会带来显而易见的坏处。1988 年的总统竞选中，迈克尔 · 杜卡基斯曾做过这种尝试，但并未成功。

国税局要在孤立无援的情况下，在公众中间强制执行税法，一来这税法本就不得民心，二来公众知道他们可以随心所欲地偷税漏税。在此情况下，国税局只能力所能及地进行小修小补，却也能偶尔撞到大运。

20 世纪 80 年代初，华盛顿的国税局研究员约翰 · 斯奇拉伊看过大量的随机审计结果后，发现有纳税人为了免税而谎报受监护人。这些谎报有的确实是因失误造成的（离婚双方同时将孩子列为受监护人），有的则是荒唐可笑的欺诈行为（斯奇拉伊记得不止一名受监护人的名字为毛毛，这显然是宠物，不是孩子）。

斯奇拉伊认为收拾这个烂摊子的最有效方法就是让纳税人上报受监护人的社保号码。

“最初，这一提议遇到了很大的阻力，”现年 66 岁、已经退休去佛罗里达州养老的斯奇拉伊说，“我得到的答复是，这太像《1984》了。”

这一提议在国税局内部就遭到了否决。

然而，几年后，国会强烈要求增加税收，斯奇拉伊的提议又重见天日，被仓促提交了上去，并于 1986 年立法实施。据斯奇拉伊回忆，次年 4 月，税收源源不断地增加，他和老板诧异不已：纳税清单上有 700 万名受监护人突然之间消失不见，这难以计数的假冒受监护人中有的是真实存在的宠物，有的则是幽灵儿童。斯奇拉伊的灵机一动，带来了每年近30亿美元的税收。

斯奇拉伊的顶头上司认为他这次献计应该得到一点奖励，但他们的上级并不买账。所以斯奇拉伊打电话给他所在州的众议员，才让给他奖励重回议事日程。最终，斯奇拉伊的提议立法实施五年后，当时年薪为80 000美元的他得到了一张25 000美元的支票。至此，他的提议已经增加了约140亿美元的收入。

这说明国税局理应招人恨的原因至少有一点是成立的：假如当初在斯奇拉伊的奖金这件事上没有百般吝啬，国税局一定可以招到不少如今急需的反偷税人才。

休闲工作

2007年5月6日

19世纪末期，钢琴制造业是纽约市规模最大的产业之一，似乎所有思想开明的美国家庭都想让自己的家里乐声悠扬。自动钢琴——完全无须技艺即可弹奏的作曲机器——的问世让这一产业更加繁荣。至20世纪20年代，美国的钢琴年销量已经达到了300 000台，其中约有2/3为自动钢琴。

但由于两项新技术——无线电广播和留声机的出现，自动钢琴不久被打入冷宫，且至今仍难翻身。去年，美国的钢琴销量仅为76 966台，同期内人口翻番，钢琴销量却下降了75%。人们虽然热爱音乐，却显然多数都没有创作音乐的需求。据人口调查局统计，在近12个月的时间里，仅有 7.3% 的美国成年人弹奏过乐器。

相比之下，按人口调查局的说法，如今有 17.5% 的成年人“把做饭当乐趣”。此外，虽然现在仅有 1% 的美国人住在农场里，这一比例相比 1920 年下降了 30%，却有 41% 的家庭有花园，25% 的家庭种菜，13% 的家庭种果树。从偏个人的角度讲，本专栏的作者之一有个姐妹开了家生意不错的纱线店，而另一名作者的妻子是针织爱好者，会买上 40 美元的纱线，然后花上 10 个小时的时间织围巾。姑且算她的劳动力价值为每小时 10 美元，则这条围巾的成本至少为 140 美元——比机织围巾贵 100 美元左右。

有这么多美国中年人愿意将大量时间和金钱投入不必要的粗活中，这难道不令人费解吗？正如无线电广播和留声机最终有效地取代了钢琴，科技与资本主义的力量也大大减轻了人类自行解决衣食问题的负担，那么针织、园艺和“把做饭当乐趣”又该做何解释呢？为何有的粗活变成了爱好，有的却遭到了废弃？（例如，自洗衣机问世以来，我们想不出有哪个人会“把洗衣当乐趣”。）

数十年来，经济学家一直想计算出人们的休闲时间有多长以及休闲时间做什么，但很少能达成共识。这一是因为究竟什么才算休闲很难定义，二是因为对休闲的测量方式多年来也一直在变。

经济学家通常将我们的日常活动分为三种：市场劳动（带来收入的劳动）、家庭生产（无偿的家务活）和纯休闲活动。那么针织、园艺和烹饪又该如何归类？在家做饭肯定比外出就餐便宜，所以可以算作家庭生产，那“把做饭当乐趣”的因素又该如何解释？

为了区分这些灰色地带，经济学家瓦莱丽·A.雷米和内维尔·弗朗西斯将家庭活动划分为劳动和休闲两类。在最近的《劳动与休闲的世纪》一文中，他们引用了1985年的一项时间利用情况调查。调查中，人们对各种活动的乐趣进行打分，最低0分，最高10分。针织、园艺和烹饪的得分排在中游，分别为7.7分、7.1分和6.6分。这三项的得分远低于人们最热衷的三项活动——性爱、运动和钓鱼，得分分别为9.3分、9.2分和9.1分，但远高于付账单、打扫房子和洗衣服，此三项得分分别为5.2分、4.9分和4.8分。

但接下来就有些微妙了，雷米和弗朗西斯认为，7.3分或7.3分以上的活动为休闲活动，而7.3分以下的活动为家庭生产。（因此，针织达到了休闲活动的标准，而园艺和烹饪则未达标。）他们因此计算出，如今的人们从事市场劳动的时间少于1900年，但进行家庭生产的时间有所增加。而这一上升趋势主要是男性造成的：1920年，职业男性每周从事家庭生产的平均时间仅有两三个小时，1965年为11个小时，2004年达到了16个小时。

但从事家庭生产的时间有多少其实是休闲时间？这似乎才是真正的问题所在。为什么对于某项活动，有的人觉得是劳动，有的人觉得是休闲？

此处对雷米和弗朗西斯并无不敬之意，但我们或可考虑另一种划分方式：无论有偿还是无偿，别人让你干的活就是劳动，自愿去做的事情就是休闲。假如你是那种有钱请人割草坪却宁愿自己动手的人，试想一下，如果邻居提出要按行情花钱雇你割草坪，你会做何反应？

你多半不会接受这份工作。

因此，许多人虽然可以请别人干粗活，却宁愿自己动手，到底是为什么？进化生物学家可能会说，自行解决衣食问题和料理周边环境的欲望深植于我们的基因。与之相反，经济学家可能会说，驱使我们行动的原因远远不止经济因素，所幸我们可以自由选择亲自动手做哪些事情。

的确，这些选择或许能充分说明我们的本性和出身。例如，我们两人中的一人（住在芝加哥的经济学家）在某中西部城市养尊处优地长大成人，到祖父母的农场短住给他留下了美好的回忆。这名作者最近买了一套室内水培植物种植器，其价格约为 150 美元，至今只结出了约 14 颗小番茄——如将种子、电费及名义上的劳工费等成本算进来，每个小番茄的平均价格为 20 美元左右。

我们中的另一人（住在纽约的记者）自幼在小农场长大，经常干播种、施肥和收割等各类农活。因此，他对自己种菜没什么兴趣，但他倒是愿意花上几小时的时间采购食材，为家人朋友做大餐。姑且只算人工费为每小时 10 美元，这样一顿大餐的成本也要高于在外边吃一顿等量的大餐。

或许有朝一日，纽约的记者会用芝加哥经济学家种的小番茄做一顿饭。加上隔天即达快运的费用，这或许会是近来最贵的一餐饭。当然，每一分钱都花得很值。

作者问答

作者在他们的博客上开通了"答读者问"。如你所见，读者的反应非常热烈。

问：你们是怎么合作的？——瑞安

答：简而言之，一拍即合。我们两人各有所长，列维特是学术研究者，而都伯纳是作家。这并不是说列维特不写东西，他还是会动笔，而都伯纳也做研究。但假如你守在他们身后观察他们一天的工作（列维特在芝加哥，而都伯纳在纽约），你会发现列维特这一天里多半在往电脑里录入数据，而都伯纳则多半在打字。话虽如此，我们每天的合作是何性质取决于所研究材料是何性质。我们频繁地互通邮件，老是在通电话，气得妻子直翻白眼。总而言之，我们就像棒球队里的投球手和接球手，而非足球队里的右边锋和左边锋。

问：能否告诉我们有哪些课题你们研究过了，却因数据没有体现出任何规律或课题本身太具争议等原因而没有写出来？我想听听哪些题材在编辑环节被淘汰掉了。——米基

答：如果你以为我们会因为某些话题太具争议而避之不谈，你显然对我们缺乏了解。或许看了我们的《魔鬼经济学 2》，你就会相信这一点，这部书写到了卖淫者、恐怖分子、全球变暖引起的恐慌和唯利是图的肿瘤科医生。确实有不计其数的研究项目，我们找不到对应数据，或研究结果缺乏趣味性。每 10 个研究思路中，仅有 2 个能写成学术论文，仅有 1 个有足够的趣味性，可以写进此类书中。有读者以为我们有问必答，但实际情况并非如此，缺点在于有意思的话题（目前为止）都遭到了淘汰，优点在于读者知道我们所讲的故事有数据的支持，而不仅仅是持一己之见或异想天开的说法。

问：我没读过《魔鬼经济学》，是否差人一等？——特里

答：不幸的是，确实如此。独立测试表明，读过《魔鬼经济学》的人口气更香，体态更佳，所怀的梦想更有意思。此外，女性读者分娩时不会感到疼痛，男性读者会发现自己的精子活性更高。

问：向普罗大众展示新的世界观，与在深谙经济学及其分析手法之人中间引起热议，两者中你们更在意哪个？——克里斯托弗·鲁西

答：实际上，答案显然是“两者都在意”，但如果一定要二选一的话，肯定是前者。解释经济学原理的书千千万，读者甚众，多为大学阅读书目，但这些书解释了何为经济学，而非如何以经济学家的角度看待世界。虽然后一目标听起来不是什么好事，即便是你的死对头，你也不愿意他遭此厄运，但实际上，只要你所研究的话题是普通读者所热衷的事情，这一目标也还过得去，比如相扑。

问：你们觉得本书的成功有多少可以归功于所选书名？

答：列维特的姐姐琳达·吉恩斯想出了这个书名，她是家族里真

正才华横溢的天才。这一书名究竟有多重要无从判断，但我们猜想应该是非常重要。话说回来，正如书中所写，给孩子所取的名字对孩子的人生道路并无明显影响，那对书名，我们是否也可以做此推测呢？或许不可以，书和人性质有别。尽管如此，值得注意的是，某些商业项目虽然名字乍听起来有损形象，最终却大获成功。你真的以为《奥普拉脱口秀》的初代制片商轻易接受了这个名字？那 ESPN（娱乐与体育节目电视网）呢？

问：可否对某些棒球数据进行特定时间段的比对或不同年龄组的比对，证明棒球手有使用类固醇的强烈嫌疑？——约瑟夫 · 罗洛

答：我们查过相关数据，对于寻找使用类固醇的证据，纳特 · 希尔弗（他更为人所知的身份是 FiveThirtyEight.com 的所有人）等著名棒球统计学家也曾有此尝试。经证明，很难找到类似教师作弊、相扑力士假摔那样的确凿证据。至此，最有可能的情况是，类固醇对棒球选手的效果并不显著。使用类固醇固然能让他们变得高大强壮，但很多力量型击球手在初出茅庐时即使骨瘦如柴，也能击出本垒打。

问：跟我们讲讲你们传统派 / 学院派的同僚对《魔鬼经济学》的批评。——J. 普莱恩

答：列维特的学院派同僚往往会有两种反应。多数经济学家是以经济学家的思维看待这件事的：《魔鬼经济学》的成功很可能会促使更多学生选修经济学课程，而由于短期内经济学教师的数量是固定不变的，学院派经济学家的工资会有所上涨，这让经济学家感到高兴。另有一批经济学家认定，既然列维特写的书都有人看，他们写的书肯定也有人看。因此，经济学家所著的“通俗”书虽接连上市，但质量参差不齐。此外，难免还有少数几名经济学家觉得他告诉了外界，经济学家的行当并非难以企及或错综复杂，因而破坏了经济学界的秘密约定，他们永远都不会原谅他了。

问：2019 年的油价会是每加仑多少钱？这样的油价会对我们的文化有何影响？——迈克·托马斯

答：经济学家和其他行当的人一样，并不善于预测未来。但 2019 年的油价（经通胀调整后）多半会与 2009 年的油价相差无几，即便石油资源终会枯竭（事实很可能并非如此），枯竭之日也不会很快来临。由于经济学家认为开车有负外部效应，我们一直在主张增加汽油税。或许政府有朝一日能高明远识，实施这一主张。

问：主教与职业网球运动员有何共同之处？——斯坦

答：舒适的鞋、与众不同的头饰和广受爱戴。

问：在本书所探讨的案例中，哪一个在公众/政界中引起的议论最多？——里克·格罗夫斯

答：堕胎合法化与犯罪率之间的关系引起了诸多议论。有政府援引了街头毒贩工资低是驱使年轻人走上正途的原因这一说法。但在日

常生活的层面，本书中带来最大变革的一部分很可能要算我们对房地产中介的探讨。通行的固定佣金制、全业务中介制正在逐渐瓦解。连白宫也参与进来，出台了《房地产成交程序法》，想以此提高中介与客户之间的透明度。

问：在你们看来，既然铸造一美分硬币的成本远高于其面值，美国铸币局为何还在铸造一美分硬币？——达奇

答：别跟我们提这茬儿了！都伯纳现在已经成了著名美分币激进分子，碰到愿意听他一言的人——包括《一小时访谈》[①]——就会告诉他们，美分币是深受人们喜爱的工艺品，但终究应该让其退出历史舞台，这些硬币的铸造耗费了大量时间与资源，其最坚定的支持者之一就是来自锌产业的游说团体。你们可知道，现代美分币的原料有97.5%都是锌？保持美分币流通的最大原因是人们已经习以为常且对其怀有念旧情绪，但这些理由并不充分。都伯纳劝自己的子女无论如何也不要用美分币，必要的时候可以弃之了事，他因此被称为反美人士。

问：经济是一个国家最重要的议题之一，但为什么鲜有经济学家涉足政界？是因为他们更愿意从教、投身私营部门、做顾问或进财政部工作，还是因为他们认为从政有失体面？——尼尔

① 《一小时访谈》，美国哥伦比亚公司制作的一档新闻节目。——译者注

答：你提的问题很有意思，也很重要。世界上有许多国家都推选过经济学家出身的首脑，但在美国，经济学家却不适合进入政治体系。为什么？一种说法是，他们习惯了理性思考，喜欢讲出数据体现的事实。任何美国政治观察家都知道，理性和不加修饰的数据在竞选中都是禁忌。政客（想必还有选民）更为关注的是以情动人和花言巧语。话虽如此，某几届政府（如奥巴马政府）对经济学家的重视远远胜过其他政府。

问：都伯纳和列维特掰手腕，谁能赢？高尔夫球呢？网球呢？下棋呢？——凯文

答：掰手腕的话，都伯纳肯定会赢；列维特能赢高尔夫球；网球和下棋会难分难解。（他们保龄球都打得不错。）

问：有人买书是因为书本身有意思，写得好。有人买书则是因为别人都在读这本书。在你们看来，《魔鬼经济学》的成功有多少可以归功于后者，而非前者？——欧几里得

答：我们也有过同样的疑问。书既为书——所讲的不仅仅是故事和信息，而且是人们喜欢同别人谈论的故事和信息——就有额外的因素会驱使人们去读人人都在读的书。我们的看法是，图书宣传的手法多种多样（广告、评论、访谈等等），但作用都不及好口碑。

问：你们喜欢什么（休闲）读物？——罗柏

答：列维特承认自己的阅读喜好和另类少女相似，尤其喜欢《暮光之城》系列和《哈利·波特》；都伯纳的嗜好是体育和（传统的纸质版）报纸。

问：《魔鬼经济学》里的许多故事和结论虽然很有意思，但书里似乎没有清晰易懂的方法或原则可以让追求利润最大化的企业高管用于管理生意。你们有没有考虑过（在保留本意的前提下）将这些经验总结一下，为有意探究商业"隐秘一面"的管理人员写一本手册？——德鲁

答：德鲁，你有没有考虑过做作家代理人？（另外，我们很欣赏你褒贬合一的能力。）事实是这样的，出于不为人知的原因，我们的出版商最初将《魔鬼经济学1》定位为商业图书，这勾起了读者的某些期望——当然，一有可信的商人读过此书，这些期望就几乎全部落空了。你说的没错，我们并未设计任何可供赢利的方法。话虽如此，近几年，列维特在商业领域做过不少研究，我们觉得说不定以后确实会写一本好书，来探究商业的"隐秘一面"。

问：全中国的茶叶总值多少？——戴夫·F

答：约15亿美元。但试想一下，要是茶叶也像大麻一样成为违禁商品，其价值该有多高。